LETTRES ALGÉRIENNES

DU MÊME AUTEUR

Aux Éditions Denoël

LA RÉPUDIATION, 1969.
L'INSOLATION, 1972.
TOPOGRAPHIE IDÉALE POUR UNE AGRESSION CARACTÉRISÉE, 1975.
L'ESCARGOT ENTÊTÉ, 1977.
LES 1001 ANNÉES DE LA NOSTALGIE, 1979.
LE VAINQUEUR DE COUPE, 1981.
LE DÉMANTÈLEMENT, 1982.
LA MACÉRATION, 1984.
GREFFE, 1985.
LA PLUIE, 1986.
LA PRISE DE GIBRALTAR, 1987.
LE DÉSORDRE DES CHOSES, 1991.
FIS DE LA HAINE, 1992.
TIMIMOUN, 1994.
MINES DE RIEN, 1995.

Aux Éditions Hachette

JOURNAL PALESTINIEN, 1972.

Aux Éditions SNED (Alger)

POUR NE PLUS RÊVER, 1965.

RACHID BOUDJEDRA

LETTRES ALGÉRIENNES

BERNARD GRASSET
PARIS

Cet ouvrage est publié dans la collection

‹ L'Autre Regard ›

dirigée par François et Max Armanet

Tous droits de traduction, de reproduction et d'adaptation
réservés pour tous pays.

© *Éditions Grasset & Fasquelle*, 1995.

*A Rachid Mimouni,
avec lequel ce livre devait être écrit,
mort de chagrin et de l'exil,
pour son pays douloureux ;
lui dont le corps a été
déterré et dépecé le lendemain
de ses funérailles par la
horde intégriste dont la
barbarie et la démence
ne pouvaient susciter,
de sa part et de son vivant,
que de la peine et de la compassion.*

R. B.

« Comme de vrai, il semble que nous n'avons d'autre mire de la vérité et de la raison que l'exemple et l'idée des opinions et usances du pays où nous sommes. Là est toujours la parfaite religion, la parfaite politique et le parfait et accompli usage de toutes choses. »

MONTAIGNE, *Les Essais*

« Ce n'est ni Montaigne, ni Locke ni Spinoza, etc., qui ont porté le flambeau de la discorde dans leur patrie; ce sont, pour la plupart des théologiens qui ayant d'abord l'ambition d'être des chefs de secte ont eu bientôt celle d'être des chefs de parti. »

VOLTAIRE, *Lettres philosophiques*

« Si tu te tais, tu meurs. Si tu parles, tu meurs. Alors, parle et meurs! »

DJAOUT, *Ruptures*

Lettre 1

D'Alger on monte à Paris. Cette expression m'a toujours agacé dans la bouche d'Algériens de toutes origines sociales. Mais Paris monte vers l'église du Sacré-Cœur, véritable verrue construite pour se venger des communards comme pour prouver que la réaction politique ou la régression religieuse sont antinomiques avec la notion d'esthétique. Le Sacré-Cœur a aussi cette prétention à s'éclairer la nuit quand Notre-Dame, élevée par la ferveur du peuple parisien, est noyée dans le noir. Mais c'est le fessier de cette dernière, impressionnant, qui demeure une architectonique imparable. Côté face, la cathédrale de la ville a un air de crochet dentelé par les vieilles rombières; côté pile, elle est taillée comme une sculpture érotique à la Rodin ou à la Moore.

Paris monte vers le Sacré-Cœur devenu la proie des flashes japonais et des marchands de frites. Image d'un tourisme ventripotent qui aime bien ce côté cour des Miracles où l'odeur de l'encens est mâtinée de fumée de merguez et d'effluves de térébenthine, celle des peintres malchanceux obligés de tirer le portrait de la horde des touristes narcissiques. A la grande joie des pénitents et des dragueurs à l'affût de baisers allemands et hollandais tout particulièrement.

Mais au creux de Paris, à cent mètres de Notre-Dame, il y a ce joyau, cette miniature occidentale que l'on appelle Saint-Julien-le-Pauvre. Havre de la piété à l'échelle humaine où parfois la messe est dite en arabe; depuis quand déjà?

Il n'y a pas longtemps encore sévissait au marché de la rue Mouffetard un vieux marchand de citrons et de menthe. Exclusivement. Je l'ai toujours soupçonné d'être un harki échappé d'un douar pacifié, et abandonné par le ministère des Rapatriés, comme une relique folklorique à l'odeur de menthe et de citron. Jusqu'au jour où il laissa pousser sa barbe, se

Lettres algériennes

munit d'un coran et d'un couvre-chef discret, mais islamique, et se mit à avoir des manies de conspirateur intégriste certains jours et des tics d'adepte d'un soufisme à la Ibn Arabi, d'autres jours. Selon ! Je ne l'ai jamais entendu prononcer un seul mot jusqu'à ce qu'il disparût définitivement, laissant un vide impressionnant et faussant ainsi mon propre itinéraire lors des promenades qui passaient nécessairement par la rue Mouffetard.

Diamétralement opposée à la rue Mouffetard, il y a la rue Montorgueil où, dans les années 70, sévissait un marabout squelettique d'un mètre cinquante à la peau noire et au banjo vertigineux. Il jouait des heures durant sans jamais lever les yeux, sauf pour surveiller une bicyclette de course au guidon tauromachique, toujours rutilante et astiquée comme si elle avait été achetée la veille au Salon des cycles. Ce nègre au visage d'Indien ridé était à lui seul une attraction formidable. Formidable mais discrète, digne et seigneuriale. Les touristes étrangers et les badauds parisiens ne s'attardaient guère devant ses mélodies de griot paludique jouant d'un banjo qu'on aurait dit sorti tout droit du campement d'un western à la Ford ou à la Huston.

Lettres algériennes

Toujours dans mes déambulations à travers les marchés parisiens, j'ai connu un marchand de poivrons marocain. Un Arabe typique et typé qui lisait Kierkegaard continuellement. Le *Traité du désespoir* voisinait avec les gros poivrons et le jeune marchand, un Beur de je ne sais quelle génération, avait un accent sorbonnard quand il vantait sa marchandise. Souvent il fallait fermer les yeux, tant l'accent précieux, presque maniéré, du français qu'il articulait était en flagrant délit d'opposition avec le type physique de cet homme désespéré...

Et puis il y a la Goutte-d'Or, si mal nommée. Quartier lépreux bourré d'Arabes introuvables, entre tables de tric-trac et flics dans le coup. Et les marchands véreux de tapis en fibres plastique lavables et corvéables à merci. Filles nerveuses, aussi, vendant des charmes éculés entre vieilles matrones et vaisselles ébréchées des marchands de poulets mal rôtis. Mais surtout, recroquevillée – la rue de la Goutte-d'Or – autour d'un local exigu sur lequel trône une immense pancarte : Association culturelle pour l'apprentissage du Coran. Vrai repaire de l'intégrisme pur et dur. Refuge inexpugnable des « afghans » de passage, des passeurs d'armes et des marchands de drogues dures.

Lettres algériennes

Parce que Paris c'est un métissage, non seulement de races et de langues mais un métissage architectural. C'est en ce sens que cette ville grandiose, fabuleuse et en même temps effrayante et désagréable s'intéresse à l'Europe : l'architecture contemporaine est souvent italienne (Beaubourg et Orsay), espagnole (les Bofill, derrière la tour Montparnasse), ou suisse (l'impact de Le Corbusier est tellement évident!) ; même si, çà et là, il y a rue Madame ou rue d'Assas, ou du côté des Invalides, des immeubles 1900, rococo, nouille, néo-mauresque, néo-colonial, qui font rêver ou... rire. Juste à côté des impasses bourgeoises où se lovent et se cachent les maisons et les hôtels particuliers d'un pur style français classique et raffiné.

C'est son métissage, tant humain qu'architectural, qui fait de Paris un modèle pour le reste de l'Europe où, à part Londres, le mélange prend moins vite, si ce n'est l'état des trottoirs arpentés par des chiens trop gâtés, trop nourris, jetant un regard insouciant, voire courroucé, aux affiches mendiant quelques grains de riz pour les enfants somaliens. Paris vit dans la crotte plus que Londres ou Hambourg, comme pour attirer plus de Sénégalais ou de

Maliens passés maîtres dans l'art d'astiquer l'asphalte.

Affiches, aussi, où la publicité radieuse côtoie la détresse affamée. Métro parisien dédaléen et cynique (« *Avec le nouveau plat Tefal, quand une tomate va au four, elle ne risque pas d'y laisser sa peau* »); alors que les immigrés ou les étrangers venus se réfugier dans la Ville Lumière la laissent – parfois – leur peau. Eux, souvent malmenés, assassinés, ou expulsés, ne connaissent rien de cette mégalopolis à la fois géniale et luxueuse, stupide et rafistolée, sale et jonchée autant de ses propres autochtones, que de ses banlieues les plus lépreuses, les plus sordides.

Métro parisien si atroce, mais si efficace et si ponctuel, quand même.

Ville à la fois raciste et antiraciste, capable de laisser croupir dans un bois des centaines de familles délogées pour le plus grand bonheur des promoteurs immobiliers, prête déjà à accueillir l'Europe riche des affaires, de la création et des cerveaux. Mais, aussi, capable de faire cohabiter Juifs et Arabes à Belleville même si ce quartier se rétrécit comme un enfant qui s'affame au gré des guerres civiles et autres holocaustes artificiels ou naturels. Belleville aux terrasses pavoisées de ces vieilles femmes juives et arabes qui refont La Goulette et Bab el-Oued où chantent Bob Azzam et Raoul Journot. Belleville où certains boutiquiers et marchands de tissu tlemcéniens, juifs d'Algérie, refusent de vendre aux non-Arabes!

Racisme délicieux et bougon qui en dit long sur l'attachement des Juifs sépharades à leurs origines berbères et maghrébines.

Une anecdote à ce propos. Un jour, prenant l'avion de Paris à Perpignan, j'ai vu arriver à la dernière minute un géant hirsute et encombré de valises, de paquets et autres ballots. Il était habillé à la façon algéroise, traditionnelle. En sueur, effrayé, il ne savait pas où s'asseoir ni comment. Je me suis dit, voilà encore un Algérien en visite en France. Qu'est-ce qu'il vient faire dans cette galère! J'étais pris entre la pitié et la colère. Les hôtesses n'avaient pas bougé malgré l'âge de l'intrus. Elles le regardaient faire et se débattre, le sourire narquois et le racisme discret. Je me levai et fis le nécessaire pour l'aider à ranger ses ballots et à s'asseoir. Je l'installai à côté de moi et lui parlai en arabe, ne doutant pas un instant qu'il fût algérien. Il me répondit avec le sublime accent algérois, en voie de disparition. Il allait à Perpignan pour voir sa fille, mariée là-bas à un Français, me chuchota-t-il, gêné.

Lettres algériennes

Il n'arrivait pas d'Alger mais de Barbès où il tenait un magasin de tissus bariolés et maghrébins et n'acceptait comme clientèle que les Algériens.

Au milieu du parcours, il m'avoua qu'il était juif d'Alger. Vieil Algérois de souche et musicien connu de musique andalouse, parti bêtement, dit-il, comme les autres en 1962, sous la pression de l'OAS.

Il me dit, à l'arrivée, je ne souhaite qu'une chose, être enterré à Alger. Comment faire? Puis il se mit à pleurer.

C'est ça Paris, aussi, pour moi!

Paris, ville où Reinette l'Oranaise s'est refait une jeunesse en redorant le blason de la musique andalouse. Paris, ville où Sapho refait sa toilette à Oum Kalsoum. Paris où Cheb Khaled est devenu la coqueluche des médias.

Cela, c'est le Paris réel, mais le Paris officiel, administratif, s'intéresse à l'Europe. Une Europe qui géographiquement est plus lointaine que l'Afrique méditerranéenne. A travers ses rues et ses avenues, la ville est métisse où le marron l'emporte quelquefois sur le blond vénitien. C'est peut-être là tout son génie.

Mais, au fond, Paris a toutes les vocations et surtout la passion de sa propre passion.

Lettre 2

J'ai toujours fonctionné avec les mots et j'ai toujours dit mes mots d'une façon passionnée. Cela peut choquer ou gêner l'interlocuteur mais je ne fais pas exprès. Tourner sa langue plusieurs fois dans sa bouche avant de prononcer un mot est une expression française très prudente dont Beckett a fait une superbe métaphore. Un de ses personnages suçait de petits cailloux pour s'empêcher de parler. Il s'agit là d'une rétention du langage. Je n'ai pas cette schizophrénie. Dommage, peut-être.

Il m'a toujours semblé que parler ou écrire c'est s'exprimer. C'est-à-dire se tordre, s'essorer. C'est aussi s'impliquer dans la passion. J'ai toujours combiné les mots de telle manière que de leur combinaison naisse une image, une impression profonde, une émotion pure et, surtout, une conscience émue et mouvementée du monde. Mais il est vrai que les mots nous échappent quelque peu dans la mesure où ils ont plusieurs sens. Ils sont glissants, instables et fuyants. Chaque combinaison leur donne une succession de sens, une accumulation d'interprétations, une superposition de malentendus.

C'est pour cela que je suis souvent trahi par les mots. Ils me devancent constamment d'une façon définitive. Irrattrapable. Au fond les mots brouillent le sens du monde. Ils le dévoient parce qu'ils sont sournois, malléables et poreux. Ils s'effritent très facilement dans ma bouche.

Chercher ses mots est aussi une jolie expression française. Je ne les cherche pas. Ils m'habitent. Me squattent même. Me laissent perplexe. J'ai remarqué que la littérature y trouve son compte parce qu'elle dévoile le monde à travers les jeux de mots, les néologismes, les glissements de sens et les transferts furtifs de la signification dogmatique. Elle contourne les syllogismes et détruit les stéréotypes et les clichés, mais elle fraye aussi avec les pléonasmes.

La publicité ne s'y est pas trompée. Elle qui a récupéré les mots pour fasciner, envoûter et tricher à bon compte sans craindre les déboires juridiques. Parce qu'elle a compris l'énorme combinatoire que les mots mettent en place et l'infinité des niveaux de compréhension de chaque mot. Dès lors la tâche qui consiste à préciser les mots est une impossibilité. Cela me navre.

De la sixième à la terminale, j'ai eu le même professeur de français. Il a passé sa vie à me corriger, à raturer mes copies. En vain. Il était patient. J'étais entêté, voire buté et prétentieux. Il me semblait que figer les mots était un crime, pire, une faute de goût. Il fallait les laisser faire parce que j'avais l'impression qu'ils étaient fragiles et friables comme la craie de mon professeur qui ne voulait pas que ses élèves écrivent comme Rimbaud. C'est-à-dire librement.

Écrire, dire c'est essentiellement se battre avec les mots si nombreux, si glissants et si fuyants qu'il est impossible de les contenir trop longtemps. Toutes les langues ont trop de mots pour dire les choses. Le français est volubile. La langue arabe, elle, est excessive! C'est peut-être de là que viennent mes problèmes avec les mots français. Il y a six cents mots arabes pour nommer le lion. Trois cent quatre-vingt-sept pour le cheval. Quatre-vingt-dix-neuf pour le sexe mâle. Autant pour le sexe femelle.

Donc parler, écrire, c'est m'acharner à trouver, à chaque fois, le mot français adéquat, susceptible d'exprimer exactement l'image mentale qui obsède celui qui s'exprime. Avec la pléthore des mots arabes embusqués dans ma tête, cela se complique!

C'est peut-être pour cela que j'ai appris d'instinct et pour des raisons de survie à flouer et feinter le sens traditionnel, archivé et reconnu par les dictionnaires, des mots français. S'exprimer est une entreprise inhumaine, impossible si l'on veut parler juste. Voire irréalisable. Parce que les mots sont rétifs. Ils ne se laissent pas faire. Ils sont constamment en mouvement.

Ceci parce que le mot est un intermédiaire irascible entre l'objet et son image. A cause de cela, la littérature me semble une forme de guerre et d'enfer pour celui qui la pratique. A force d'accumuler les mots, de les triturer, de les opposer, de les déplacer, on parvient à un résultat qui n'est jamais probant. Qui porte, quelque part, son propre échec inné. Son propre deuil. Ce qui contredit l'image de la littérature comme une fête des mots.

C'est peut-être pour toutes ces raisons que les grands écrivains revendiquent la littérature comme une passion des mots. C'est-à-dire comme une répulsion et une fascination à la fois. A cause de leur terrible charge affective et émotionnelle qui peut faire tant de dégâts et produire tant de désastres.

Dans les langues algériennes parlées, cette vocation acrobatique des mots est encore plus flagrante. Elle recèle une tentation permanente de déplacer le sens habituel des mots. C'est, bien sûr, une façon de contourner les tabous sociaux, les charges grossières, les interdits moraux et les codifications religieuses. L'argot algérien (arabe ou berbère) y excelle tout particulièrement. Il produit ainsi une deuxième culture parallèle à la culture de l'État dominant. Cette agilité des langues dialectales est une superbe astuce pour déjouer et forcer la censure sociale et la morale rigide.

Les mots de l'argot algérien ont donc cette agilité qui permet plus qu'on ne le croit de déployer un champ poétique somptueux et un espace humoristique inénarrable.

En un mot, c'est parce que je suis ballotté

Lettres algériennes

entre les mots arabes, les mots berbères et les mots français que chaque fois que je m'exprime oralement ou par écrit, il y a une énorme perdition, une sorte de fuite du sens et des sens.

Lettre 3

Si une langue peut être définie comme une passion du monde et des êtres, elle est la vraie vie dans le sens à la fois subversif et généreux, efficace et fécond qui fait de toute langue une langue de renouvellement incessant et de changement permanent et interminable. Et c'est le cas de la langue française. En effet toute langue est une forme de séduction vis-à-vis d'une autre langue.

Mais définir la langue d'une façon autoritaire, bureaucratique et chauvine, c'est déjà la coincer quelque part. La vider de son être propre, de sa propre logique désintégrée et de sa propre folie. En même temps, il y a nécessairement une charge à la fois affective et politique qui circule dans les langues les plus significatives. Ce qui sauve ces langues et les distingue des autres, c'est leur capacité à prendre le contrepied du stéréotype et de la banalité, à ne pas s'encroûter dans l'académisme et le purisme; ne pas en faire une langue de bois, alors qu'elle est une langue de chair et de sang.

La langue française n'échappe pas à tout cela et elle le fait très bien. D'abord grâce à Rabelais, à Proust, Céline, Saint-John Perse et... San Antonio! Ensuite grâce à la vie tout court.

Ce sont les grands écrivains d'un pays qui transforment leur langue naturelle. D'abord! C'est même là la définition d'un grand talent. Chaque langue se doit de tenter le renversement du mythe qui la précède ou qui la poursuit parce que toute mythification est en fin de compte une mystification, une sorte de mort prématurée par sclérose en plaques. C'est pourquoi la langue française se doit de balayer de la conscience collective, opaque et fuyante, toute attitude arrogante et tout comportement méprisant.

Que n'a-t-on pas radoté sur le fait que ce sont les écrivains maghrébins, africains, antillais et québécois qui ont enrichi et transformé la langue française! Foutaises politiques que tout

Lettres algériennes

cela. Et qui n'a rien à voir avec l'art et la littérature. Une langue évolue avec les autochtones qui la pratiquent et avec les grands génies nationaux. D'abord! Déjà au XVIIIe siècle Louis Mercier disait : « Un écrivain est celui qui *fait* sa propre langue, son propre dictionnaire. »

Et c'est, peut-être, la gesticulation politique qui encombre et obstrue la langue française. Elle la gêne aux entournures. Elle la dope. Et cette langue française n'a vraiment pas besoin de tout ce tintamarre et de toute cette francophonie qu'on gonfle à coups de milliards, de décrets et de tout ce fourbi agaçant pour tous ceux qui la pratiquent et l'aiment de par le monde. Non parce qu'elle est la langue des dieux mais parce qu'elle est tout simplement la langue des hommes dont le seul mérite n'est pas d'être nés francophones ou français, mais d'avoir inventé, par l'intermédiaire de la langue française, des idées généreuses, des littératures fabuleuses et des connaissances fondamentalement humanistes.

La langue française n'a pas besoin de béquilles, elle a de très belles jambes, merci! disait mon professeur de français. Comme elle n'a pas besoin de laudateurs et d'opportunistes parce qu'elle est trop digne et trop courtoise pour se laisser aller à des comportements de vieille matrone qui a besoin qu'on lui lèche les poils qui foisonnent dans son nombril. Elle ne mérite pas cette bassesse ni cette mesquinerie-là.

Entre aimer passionnément la langue française et se soumettre sournoisement à ses législateurs forcenés qui la brutalisent, il y a un gouffre de subtilité et de raffinement.

Parler, écrire, c'est « ébruiter le charnel » écrivait Saint-John Perse à sa mère. Heidegger, lui, expliquait que la langue « était la maison de l'être ». Chaque être humain a donc sa langue et aucune langue n'est supérieure à l'autre. C'est là le début de l'égalité universelle. En outre il est clair que toute langue emprunte des mots aux autres langues. C'est en ce sens qu'elle est vivante. Si le français emprunte beaucoup à l'anglais, ce dernier a fait rentrer 36 000 mots français dans son dictionnaire. L'italien, l'allemand et l'espagnol en ont engrangé chacun plus de 50 000. Quant à l'arabe il a fait mieux : autour de 60 000 mots environ. Mon père était fier de les savoir tous et ne cessait pas de me les répéter pour m'épater et me séduire ; d'autant plus que dans ce cas-là la réciprocité a joué complètement, parfaitement. La langue française foisonne, elle aussi, de mots arabes.

Lettres algériennes

Jusqu'au XIXe siècle a régné dans tout le bassin méditerranéen une *lingua franca*, parce qu'il y avait alors une économie méditerranéenne. Aujourd'hui va s'installer, inéluctablement et peu à peu, une langue mondiale. Et pourquoi pas! Cela me rappelle Babel et surtout le port de Bône quand j'étais enfant et où j'entendais, émerveillé, les gens parler arabe, français, sicilien, maltais, catalan, sarde, etc. On appelait cela un *charabia*. C'est un mot arabe qui veut dire vendre et acheter...!

La francophonie a transformé certains francophones zélés et opportunistes, qui courent derrière les prix littéraires et les légions d'honneur en se fichant complètement de la langue française qui n'est bonne qu'à leur remplir les poches, en Maghrébins de service qui ont décrété la langue arabe, langue morte! et en Africains déguisés en grooms chargés d'épousseter les dicos de français. Ces zélateurs sont partout. Dans les académies, les prix littéraires, les salons où l'on jase, les coulisses officielles, les commissions de bourses, etc. Ils sont partout et ils font impitoyablement la chasse à ceux, Français ou pas, qui ne sont pas d'accord avec eux.

Ce sont ces zélés qui nuisent sérieusement à

la langue française. Une des raisons qui ont aidé à la montée de l'intégrisme en Algérie est liée à un rejet de l'Occident à travers la langue française tout particulièrement. Parce qu'un jeune Algérien est profondément choqué quand il entend dire que la langue arabe est une langue morte et cela de la bouche même d'un grand écrivain algérien.

Ce dernier a provoqué plus de dégâts vis-à-vis de la langue française que quiconque.

« En français dans le texte » est une note et une certaine coquetterie en bas de page d'un texte de Tchekhov ou de Faulkner. Et ces phrases françaises rencontrées çà et là depuis plusieurs siècles démontraient une certaine naïveté chez les écrivains russes, anglais, allemands ou italiens qui voulaient faire chic et faire dans le cosmopolitisme. Souvent ces écrivains, à l'exception de Tolstoï qui a même écrit un roman, très raté par ailleurs, directement en français, ne connaissaient pas le français.

Pour moi, Algérien, je n'ai pas choisi le français. Il m'a choisi, ou plutôt il s'est imposé à moi à travers des siècles de sang et de larmes et à travers l'histoire douloureuse de la longue nuit coloniale.

Mais c'est grâce aux grands écrivains français

Lettres algériennes

que je me sens en paix dans cette langue avec laquelle j'ai établi un rapport passionnel qui ne fait qu'ajouter à sa beauté, en ce qui me concerne.

Sans aucune flagornerie, sans aucune bassesse.

Lettre 4

Depuis toujours et de loin j'ai été fasciné par l'intelligentsia française qui commençait pour moi avec mon instituteur : géant hirsute et fin pédagogue originaire de Corse. Il a réussi la prouesse de bien tenir ses élèves pendant mes six ans de scolarité sans jamais appliquer une punition corporelle ou une brimade psychologique. Grâce à un stratagème. Il nous menaçait d'une cravache nommée « Rosalie » et supposée être cachée dans une armoire. Nous ne l'avons jamais vue, cette Rosalie, parce qu'elle n'avait jamais existé ! Sinon dans nos têtes grâce à la mise en scène de cet instituteur. Il m'apparaissait alors comme un gouffre de science, de savoir et de bonté.

Gorgé de Victor Hugo, Jean de La Fontaine

Lettres algériennes

et George Sand, je commençais à lire la presse algérienne avec la complicité d'un oncle maternel, cheminot de son état. A l'âge de dix ans je découvris le nom d'Albert Camus qui signait des reportages dans *Alger républicain*. Il avait écrit un roman au nom étrange, *L'Étranger*, et que je ne devais pas lire, selon les dires de ce même oncle communiste, avant l'âge de quinze ans. Camus séjournait, à l'époque, souvent à Alger et j'ignorais quel statut lui donner. Mon oncle ne m'aidait pas par son indécision. Mais il faisait partie de cette intelligentsia française qui m'attirait, tout en étant algérien.

Avec Sartre, c'était plus facile. Je savais exactement qui il était parce que mon oncle me lisait des articles qu'il écrivait pour dénoncer la guerre de Corée ou celle d'Indochine. Comme je savais que sa compagne Simone de Beauvoir avait visité l'Algérie après les massacres du 8 mai 45 à Sétif et Guelma qu'elle dénonça avec virulence. Ainsi que la misère qui régnait dans le pays. Mon oncle les aimait bien. Moi aussi. Plus tard, j'allais lire *La Nausée* et *Le Deuxième Sexe*. De loin, de mon village natal, je pressentais cette intellectualité française comme la vraie France qui n'était représentée localement que par quelques gendarmes et une poignée de colons si peu représentatifs.

Lettres algériennes

Au fur et à mesure de l'âge et des études, je commençais à élaguer. La guerre d'Algérie allait surgir dans ma vie quotidienne et c'est à son aune que j'allais mesurer et mon adolescence et l'engagement humaniste des intellectuels français. Je commençais à savoir trier et à savoir lire. Je collais allégrement des étiquettes à mes idoles. J'en brisai quelques-unes et restaurai quelques autres. J'en voulais à Malraux, ministre d'État qui m'avait semblé en contradiction totale avec le Tchen de *La Condition humaine*; comme je trouvais Camus aussi ambigu sur la guerre d'Algérie que son *Étranger*. Mon oncle décéda au maquis et ne put jamais éclairer ma lanterne.

Mais ce qui me reste de cette époque de bouillonnement intellectuel en France, c'est cette attitude critique et cette distance très noble vis-à-vis du pouvoir. Y compris Malraux et Mauriac qui, bien que gênés par leur passion gaulliste, n'en gardaient pas moins une vision critique envers la France en général et l'État en particulier. Ces contradictions au moment où le pays était engagé dans la guerre d'Algérie avaient plus de panache et de brio que les bégaiements de l'intelligentsia d'aujourd'hui, trop identifiée à la politique des partis, pervertie par la culture-spectacle et devenue, par les excès de la médiatisation, insupportable, pitoyable et grotesque.

J'ai fréquenté et découvert la littérature française contemporaine en lisant le nouveau roman français (Flaubert, Proust, Robbe-Grillet, Butor, Sarraute, Duras, Pinget, Simon, pour ne citer que les plus importants), dont on a dit qu'il n'avait pas d'idéologie. Ceci est d'autant plus stupide que la vieille littérature qui prononce de telles accusations et de telles condamnations ne sait même pas ce qu'est le concept d'idéologie. A la limite, la vieille littérature était à peine patriotique et se méfiait beaucoup de la politique et de l'idéologie. En Occident, on a parfois abusé non pas de l'idéologie mais de l'idéologisme. Il y a eu surcharge. Dans les romans de Sartre (à l'exception de *La Nausée* qui reste un modèle parfait du nouveau roman, avant la lettre), la politique et l'idéologie l'emportaient sur le littéraire et le sensible. Camus, en philosophe, avait crevé le plafond avec une sorte de réflexion romanesque et très profonde qui plaît beaucoup aux adolescents d'aujourd'hui comme elle a plu aux adolescents que nous étions, hier. La littérature de Camus est « infectée » de tous les grands textes philosophiques de l'histoire humaine.

Lettres algériennes

Claude Simon, par exemple, en dehors de son implication physique dans la guerre d'Espagne et de son engagement pour la libération du Vietnam et de l'Algérie, s'est toujours efforcé de travailler sur une matière romanesque où l'apport de la mémoire reconstituée dans la trame d'une durée intensément vécue au niveau sensoriel est l'élément principal. Où l'écriture s'engage dans une entreprise de restauration, de restitution de l'histoire humaine à partir d'un axe idéologique progressiste. L'engagement politique de Claude Simon est clair.

Dans *La Route des Flandres* paru en 1960, il poussera aussi loin qu'il est possible ce travail d'exploration et de reconstitution de l'histoire. J'ai lu ce fabuleux roman en plein maquis algérien. Quelle résonance, alors! Quel écho! J'avais vingt ans. A peine.

Un épisode de la débâcle de 1940 lui donne l'occasion de prendre l'histoire de quelques personnages face à l'Histoire dans un réseau serré de souvenirs, de visions, d'images qui émergent du chaos de la mémoire pour se reconstruire dans l'ordre du langage. L'élément déterminant, ici, est la vision historique de l'auteur qui fait fonctionner jusqu'à la structure romanesque et jusqu'à l'explosion du langage. Il n'a cessé d'approfondir, de personnaliser son expérience soit à partir d'un épisode historique concret, soit dans une sorte de restauration par fragments des événements de sa propre autobiographie.

Le nouveau roman français dérange parce qu'il est subversif et s'oppose à la littérature française mollassonne et fade. Celle-ci s'acharne à se perpétuer comme une forme de loisir qui tend à faire oublier au lecteur la dramaturgie du monde, son pathétisme, sa complexité et jusqu'à sa conscience même !

J'ai découvert le nouveau roman français en pleine guerre d'Algérie, donc, et j'ai tout de suite senti ce qu'il mettait en place. Une vision de l'effort, de la connaissance et de l'érudition, une passion et une curiosité du monde et des hommes. Ce faisant il balayait cette littérature vieillotte ignorante qui a trompé et elle-même et ses lecteurs. Il a fait de moi un écrivain. Je lui suis reconnaissant !

Le nouveau roman n'a fait qu'opposer une contre-idéologie occidentale progressiste à l'idéologie occidentale réactionnaire. C'est pour cela qu'il n'y a pas qu'un seul type de nouveau roman mais plusieurs. Il y a une énorme différence entre Robbe-Grillet et Claude Simon, par exemple. Donc, plusieurs écoles qui fonctionnent selon un seul dénominateur commun : l'hostilité à la littérature didactique avec son message politique ou philosophique. Le nouveau roman n'a pas seulement décrit le monde mais il l'a aussi bourré de sens universels. Parce qu'il a mis en évidence les formes et les figures et a compris le pouvoir générateur de l'écriture et du langage dans toute création romanesque.

Le nouveau roman français a donc pris ses racines politiques dans la Deuxième Guerre mondiale, la guerre d'Espagne et les luttes anticoloniales. La nécessité d'une nouvelle littérature s'était faite contre l'existentialisme qui avait privilégié le discours politique et engagé dont on commençait à mesurer le faible pouvoir d'intervention sur l'histoire.

Et puis ce nouveau roman, décrié pour son ésotérisme et sa complexité, est devenu un modèle dans le monde entier. Il a eu même sa revanche. Marguerite Duras, l'un de ses chantres, n'a-t-elle pas battu le record historique du livre le plus vendu dans l'histoire de l'édition française ?

Cinq millions d'exemplaires en cinq ans, pour son *Amant*.

Lettre 5

L'histoire m'obsède parce qu'elle est la préoccupation constante de l'humain pour échapper au piège du présent. Elle m'obsède d'autant plus en ces jours où la peur me fait regarder les choses autrement. Je n'ai pas, par exemple, vu monter l'intégrisme islamiste dans mon pays.

Ce n'est pas seulement pour comprendre ma réalité que j'essaye de m'impliquer dans le passé ; c'est aussi parce que maintenant j'ai peur. Il y a donc une dimension pathétique de l'histoire. C'est pourquoi elle a, très souvent et de tout temps, fasciné les écrivains qui ont pour obsession de sonder l'effroi. Aussi, certains d'entre eux n'ont-ils pas hésité à subjuguer, déborder et noyer la littérature par et dans l'histoire.

Lettres algériennes

Toute histoire nationale est douloureuse et il n'existe pas de peuple heureux. J'ai toujours senti que la France a une histoire particulièrement mouvementée et malheureuse, marquée principalement par un certain nombre d'invasions, d'occupations, de guerres et de longues colonisations. C'est pourquoi la littérature française est essentiellement obsédée par l'histoire. Les meilleures œuvres d'un pays sont celles qui ont pris l'histoire comme fondement de leur déploiement romanesque. C'est ainsi que j'ai appris l'histoire française dans les romans et pas dans les manuels d'histoire.

C'est Proust qui a le mieux radiographié la guerre 14-18 et la fin de l'aristocratie française. Ses romans ont constitué l'histoire conflictuelle de son pays en axe essentiel de sa littérature. Dès lors l'histoire apparaît comme mythe. C'est-à-dire comme quelque chose d'indispensable, d'inépuisable et d'insondable et qui sera toujours là pour bousculer les hommes quoi qu'ils fassent.

C'est dans la *Recherche*, paradoxalement, que j'ai compris les luttes de classes en France, les conflits de religions et la fin d'une société, d'un monde et d'un siècle. L'histoire, alors, apparaît comme la motivation essentielle de l'acte d'écrire.

Lettres algériennes

Louis-Ferdinand Céline n'aurait pas écrit *Voyage au bout de la nuit* s'il n'avait pas été traumatisé par la guerre 14-18 qui en a fait un soldat trépané et piteux, et un énorme écrivain qui a refondu tous les dictionnaires de la langue française ; alors qu'il ne voulait que pratiquer la médecine auprès des pauvres.

Claude Simon n'aurait pas inventé le nouveau roman français pour en faire une référence universelle s'il n'avait pas fait la guerre d'Espagne et la Deuxième Guerre mondiale ensuite. *La Route des Flandres* est une leçon d'histoire, d'antimilitarisme et de littérature.

Toute la littérature importante a donc intégré l'histoire comme élément fondamental de questionnement du réel et de l'humain, opérant sur un mode plus subjectif qu'on ne le croit dans la mesure où c'est le seul qui soit fécond et intéressant et parce qu'il n'est pas une lecture immédiate, officielle, figée, scolaire, mécaniste et opportuniste du passé, toujours à récupérer, à défigurer et à travestir pour les besoins de la cause.

Dans ce cas, la littérature a les moyens de dire qu'il y a plusieurs façons d'explorer et d'appréhender l'histoire. Elle permet de dégorger les silences, les falsifications et les mensonges, sans se prendre au sérieux, sans faire œuvre objective parce que l'histoire bouge et fonctionne selon le principe des sables mouvants et des gouffres spéléologiques.

C'est en cela que l'art romanesque permet d'injecter la subversion dans l'histoire mort-née, l'histoire fausse couche. La littérature française a permis donc de véhiculer des idées à contre-courant de la lecture habituelle, sans avoir à rendre compte, parce qu'elle est essentiellement subjective, ludique et charnelle.

C'est vrai que j'ai toujours entendu mon père dire que la littérature impose un rapport complexe, conflictuel et rancunier, à l'histoire. Avec l'histoire nationale d'abord, avec l'histoire des autres, ensuite. J'ai appris – aussi – l'histoire de l'Algérie dans la littérature algérienne qui a – par exemple – trop mythifié les ancêtres et leur héroïsme, très exagéré. Alors que jusqu'au déclenchement de la guerre, en 1954, ces ancêtres ont été battus, bafoués, spoliés, désincarnés et désidentifiés !

Essentiellement l'Algérie d'avant 1954 était une Algérie traquée, défaite et prudente. Et c'est la littérature qui a dévié, aussi, le sens de l'histoire en le faussant. Et c'est elle aussi qui a joué le rôle contraire. Qui a renversé le mythe

Lettres algériennes

des ancêtres que la mauvaise conscience nationale a gonflé au point de transformer notre échec en triomphe. Ainsi la littérature fait fonctionner l'histoire et fonctionne sous l'effet moteur de l'histoire, mais toujours à double tranchant, à risque et péril, selon une ambivalence terrifiante qui peut l'amener jusqu'à valider un désastre colonial!

Dans tous les cas de figure, la littérature récupère l'histoire mais ne fait jamais œuvre d'historien. C'est cela sa force et sa faiblesse, son ambiguïté et sa splendeur. Si la littérature récupère, de l'intérieur, les interrogations, les inquiétudes et les malaises de l'histoire, c'est parce qu'il y a en elle toute une chair humaine, tout un tissu littéraire qui aide énormément à bien déployer le champ romanesque et alimente une écriture complexe dans la mesure où les données historiques sont elles-mêmes très compliquées.

Toute littérature qui peut fonctionner alors selon l'histoire a cette capacité d'introduire l'élément subjectif et, à la limite, non véridique qui va jouer le rôle salutaire d'anticorps.

C'est là que se trouve la réussite de la littérature française qui ne cesse de se regarder elle-même et de regarder les autres.

Lettres algériennes

C'est ainsi que j'ai aimé la Chine et la révolution grâce à *La Condition humaine* de Malraux. Haï la guerre grâce à *La Route des Flandres* de Claude Simon. Découvert... Tipaza grâce aux *Noces* de Camus. Et connu le désespoir de la génération française d'après la guerre de 14-18 grâce à *La Nausée* de Sartre.

Mais dans cette littérature française, il y a eu un *petit* oubli : la guerre d'Algérie... Mis à part Jean Genet, Jules Roy et Pierre Guyotat, qui d'autre s'en est préoccupé ?

Lettre 6

Chez moi, les ascenseurs ont beau ne pas fonctionner, les immeubles rester sales, les concierges demeurer introuvables, les antennes paraboliques sont là, bien installées, avec leur gueule ouverte comme des batraciens gigantesques prêts à happer ces insectes que nous sommes. Sortes d'insectes paumés à la fois et fascinés par ces carnivores goulus qui veulent nous avaler sans prendre la peine de nous mâcher.

Il en va ainsi pour l'homme! Il est fasciné, obnubilé par son propre bourreau. Il est assez fou pour être attiré par les pièges de l'adversaire et ses traquenards. Cela s'appelle la parabole du fou.

Ces antennes paraboliques (appelées antennes

Lettres algériennes

diaboliques par les intégristes qui n'ont, paradoxalement, jamais osé y toucher!) ayant transformé le paysage urbain de l'Algérie, de ses villes et de ses villages, renvoient à cette parabole du fou. Parce que dans une société encore très coincée, dont la mentalité est archaïque ou plutôt pré-moderne, récupérer des technologies du XXIe siècle, se les approprier et profiter de leur production, cela laisse rêveur! L'homme algérien est resté – d'une façon générale – timoré devant la modernité mais il s'est engouffré, tête baissée, à l'instar d'un joueur de rugby à l'approche d'une mêlée, dans le modernisme. Les Algériens sont fascinés par ce modernisme de pacotille souvent importé de France. Fait de bric et de plastique. De confetti et de Tati.

Et c'est un satellite français lancé au-dessus de l'Algérie qui a permis l'intrusion de toutes les chaînes de télévision françaises dans les maisons algériennes qui n'y étaient pas préparées. Cela a fait beaucoup de dégâts et a eu, aussi, quelques effets positifs mais très rares.

En fait, l'appel du modernisme est – en soi – une réaction violente, viscérale et irrationnelle contre la modernité. Le résultat d'un tel comportement, ce sont : l'antenne parabolique, la course derrière les culottes Tati, la sur-

Lettres algériennes

consommation jusqu'à la nausée dans les classes enrichies, la fascination du paraître (grosses bagnoles dernier modèle, folie de l'ordinateur sophistiqué, affolement devant toutes sortes de gadgets enfantins et infantiles, futiles et inutiles, etc.) dans le vent français, à la mode française, à la pointe du modernisme parisien.

Et ce sont les mêmes personnes qui récusent la modernité, la vision rationnelle du monde, l'approche scientifique de la réalité. Ce sont les mêmes qui développent la superstition, le charlatanisme et la religiosité qui n'a rien à voir avec la religion! Ce sont les mêmes qui méprisent les vraies valeurs occidentales dont la résultante a été de réaliser, confectionner la modernité et le progrès humain. Ce sont les mêmes qui ont la haine de la France.

L'Algérien qui installe une antenne parabolique au-dessus de sa tête ou qui récite des versets coraniques et égrène hystériquement un chapelet de circonstance, chaque fois qu'il prend l'avion, n'a en fait que mépris pour la science, le savoir rationnel et le travail humain qui ont permis à la France prestigieuse – celle du talent et de l'intelligence – de réaliser les satellites, les avions supersoniques, le TGV, le téléphone, l'électricité, le moteur à explosion;

Lettres algériennes

et de découvrir le vaccin antivariolique ou antipolyomyélitique, le virus du sida et... l'antenne parabolique-diabolique...

Comment, lorsque la télévision algérienne censure le moindre baiser, le moindre carré de peau féminine et la moindre audace langagière, faisant bégayer les films et les documentaires, peut-on installer des antennes paraboliques qui vont déverser sur le pays beaucoup de violence, de vulgarité, de publicité et de pornographie? Ce que l'homme algérien est incapable d'assumer sérieusement parce qu'il stagne encore dans les eaux visqueuses de l'hypocrisie sociale, du maraboutisme version 95, de la dévotion infernale et, donc, d'une mentalité foncièrement rétrograde, prélogique et anti-scientifique, parce qu'encombrée d'un fatras de préjugés, de superstitions dont le lieu géométrique et le dénominateur commun s'appellent la peur, la frayeur, l'angoisse, le sous-développement.

Mais la France est là qui le fascine. Qui lui répugne!

Avant d'avoir des engouements pour ces gadgets (y compris les grosses machines qui encombrent les chantiers où règne une automation insensée, alors qu'il y a tant de bras qui restent croisés, tant de jeunes qui meurent à

Lettres algériennes

petit feu de ne rien faire de leur vie, de leur journée stupide), il faudrait peut-être réparer les ascenseurs, combler les trous des rues, remplacer les ampoules des lampadaires et nettoyer devant notre porte. Mais − surtout − nettoyer dans notre tête!

Nous n'avons pris de la France que sa verroterie, sa pornographie et ses excès de vulgarité; mais nous avons ignoré, voire méprisé, son rationalisme, sa rigueur, son esprit scientifique et ses prouesses culturelles et artistiques. Nous avons même eu le culot de médiatiser ses inventions et ses découvertes par des amulettes, des « gris-gris » et des incantations...

L'antenne parabolique n'est que l'expression ramassée de cette parabole du fou que le sous-développement ne fait qu'accélérer.

Et la France, dans tout cela, n'est ni dupe, ni innocente.

Lettre 7

Camus citait souvent dans *Actuelles, Carnets* et *L'Homme révolté* comment en France, il n'y a pas longtemps encore, le jour d'une pendaison était un jour de liesse publique et populaire. On venait en famille avec marmaille et victuailles assister à l'exécution d'un pauvre bougre. Il appelait cela « le silence déraisonnable du monde ».

Depuis le début du XXe siècle, on a tenté de mettre fin à ces fêtes macabres et on a exécuté les condamnés à mort plus discrètement, à l'aube, au moment où les gens s'enfoncent dans leur bonne conscience et le sommeil profond. Les jeux du cirque romain étaient bien loin et les pendaisons publiques terminées, même si dans le Tiers Monde, c'est encore monnaie courante.

Lettres algériennes

Quelque chose allait manquer aux gens frustrés de leur part de sang et d'horreur dans le pays où on a inventé la guillotine. On allait rapidement remédier à cela. On trouva vite les ingrédients de substitution : des sports très violents, des films à la cruauté gratuite et des jeux de brutes qui font rire les masses de ce rire gras comme du papier à envelopper les rillettes.

Même les sports dits pacifiques ne manquent pas de violence : le football, et même – parfois – le basket-ball et le handball... Peut-être parce que, comme le disait Camus qui feignait d'aimer cette barbarie, cette horreur, ce jeu de massacre qu'on appelle la boxe : « Il n'y a pas d'amour de vivre sans désespoir de vivre. »

Tous les pouvoirs politiques ont encouragé certains sports qui bénéficient de l'engouement des masses, d'une façon pas toujours innocente. Cela permet de dévier les jeunes vers une passion qui reste, en somme, futile. Dans les pays du Tiers Monde, cela est devenu flagrant : le football est le vrai opium des peuples. Un dérivatif à la misère. Un chloroforme de la conscience humaine.

Et c'est dans le pays européen le plus malade économiquement, où le chômage atteint des records, que le football est devenu un moyen de violence politique. Cela se passe en Angleterre. En Amérique latine, pour des raisons évidentes, c'est pire. En Afrique, c'est atroce.

En France, ça commence à devenir très dangereux, le foot! Lui qui peut générer une esthétique du mouvement, commence à générer du fascisme et de la xénophobie avec certains groupes de supporters français dont la vulgarité, la violence et la haine font froid dans le dos. Des politicards sans envergure, des petits malins de la brocante, des groupuscules de nazillons xénophobes et agressifs ont compris les différents avantages qu'ils pouvaient tirer du football. C'est ainsi que de nombreuses villes françaises sont tombées dans le panneau et sont devenues des otages de saltimbanques de la finance, d'escrocs de la petite entreprise et de gentils gogos de la politique.

Le foot français commence à générer des hommes politiques dont la démagogie, le populisme et le cynisme ne peuvent que mener droit à un fascisme à visage bonhomme et à corps massif.

En fait la violence dans les stades n'est pas délinquante. Elle est politique! Ce que tout le monde veut, feint – ou croit – sincèrement de récuser. Un exemple : avant 1954, particulièrement dans l'Est algérien, les matches de football étaient devenus des occasions pour les supporters autochtones de s'entre-tuer, sous l'œil ravi des gendarmes français. Qui ne se souvient des derbies Khenchela-Batna ou Guelma-Sétif? La guerre d'Algérie mit fin à ces luttes fratricides teintées d'un régionalisme dangereux mais qui étaient – quand même – d'ordre politique.

A l'époque, c'était une façon de s'exprimer. Il en va de même aujourd'hui. Les jeunes manifestent dans le stade (temple de dévotion et de passion) leur malaise, leur malheur d'être jeune, leur frustration, leur douleur. En Algérie, le slogan qui revient le plus souvent c'est « Vous nous avez abandonnés. » Ce cri du cœur en dit long sur le fait que ce comportement n'est pas de l'ordre de la délinquance mais de l'ordre du politique et de l'affectif. Camus écrivait à ce sujet il y a longtemps déjà : « L'Algérie se définit par une tendre indifférence à elle-même et au monde. »

Paradoxalement, le football qui a toujours permis la dépolitisation des jeunes est devenu partout le lieu de la contestation politique, le lieu de la politisation même! Le lieu de la prise de conscience du malheur, de la malchance d'être jeune dans son pays!

Lettres algériennes

Le sport est devenu une gigantesque entreprise financière en amont et en aval.

En amont les milliards gagnés par les vedettes du football, du tennis, de l'athlétisme et du basket.

En aval, les milliards de paumés qui parient sur les courses de chevaux, les matches de foot, les combats de boxe et les combats de coqs.

J'ai découvert un jour, par hasard, rue de la Gaîté à Paris, un immense hangar où se retrouvent les parieurs de tous les sports et qui regardent sur d'immenses panneaux électroniques les résultats. Ils les comparent et partent tête basse, malheureux d'avoir encore une fois raté le milliard de gain dont ils ne cessent de rêver.

Il n'y avait là que des gens très pauvres. Quelques Français paumés et une majorité d'immigrés maghrébins, africains et asiatiques.

Ne sont-ils pas venus de leur pays pour recevoir, un jour, en pleine gueule, le pactole miraculeux dont on leur a parlé si souvent? Là-bas!

Lettre 8

Tahar Djaout vient d'être assassiné devant ses deux fillettes horrifiées qu'il accompagnait à l'école. Ainsi des balles stupides ont eu raison d'un talent tranquille, presque timide.

La veille j'avais mal dormi. J'avais tout le temps soif. Mauvais sommeil très agité. Chaque fois que je me réveillais, je tâtonnais sous l'oreiller à la recherche de mon pistolet et sur la table de nuit à la recherche de la capsule de cyanure qui ne me quitte plus depuis trois ans. Pour m'assurer qu'elle était bien là. Pour me rassurer. Aujourd'hui 20 mai 1993, Tahar Djaout vient donc d'être assassiné.

C'était une journée radieuse de printemps algérois.

Je connaissais Tahar avant de l'avoir rencontré. Au printemps 1971, Beyrouth vivait dans l'opulence, l'intelligence et l'insouciance. Cela n'allait pas durer! A cette époque, je séjournais dans cette ville où était éditée la meilleure revue arabe consacrée à la littérature. Il s'agissait de *Mawakaf* que dirigeait le grand poète Adonis et dont j'étais un des membres du comité de rédaction. Adonis me demanda un jour de traduire quelques jeunes poètes algériens de langue française, pour la revue. Sans hésiter, je choisis Djaout qui me semblait le meilleur. De loin!

Plus tard, Djaout devint le talentueux romancier que l'on sait. Son assassinat barbare par les intégristes islamistes, ce 20 mai 93, transforma sa vie en destin et sa littérature en profession de foi esthétique.

Je l'avais donc traduit en arabe alors qu'il n'avait pas dix-huit ans. C'était la première fois et la dernière fois qu'on le faisait. J'ai eu cette intuition et cet honneur alors qu'il était encore étudiant en mathématiques et totalement inconnu. Tahar est né dans la guerre d'Algérie (1954), il est mort dans l'horreur intégriste (1993). Tout un destin. Tout un malheur où seuls les livres qu'il avait écrits étaient de superbes parenthèses de bonheur.

Lettres algériennes

Mathématicien de formation, Djaout avait choisi d'écrire de toutes les manières et de toutes les façons. Ainsi il devint journaliste et se consacra exclusivement à la critique d'art par goût et par passion de l'écrit. A cette époque, il n'y avait pas de journaux indépendants et il travailla à *El Moudjahid* puis à *Algérie-Actualité*, journaux d'État, bien sûr! C'est sur ce point que certains intellectuels flous et malhonnêtes, tant algériens que français, ont fait planer le doute sur l'honnêteté et l'intégrité de Tahar Djaout, après son assassinat, l'accusant d'avoir collaboré avec le pouvoir et justifiant, par voie de conséquence, son assassinat par les terroristes intégristes. Le ver était dans le fruit. Le mal était fait. La suspicion installée d'une façon perverse et anodine, à l'encontre de l'écrivain.

Tahar Djaout n'a jamais collaboré avec le pouvoir. Il a simplement travaillé comme critique d'art dans un journal étatique à une époque où il n'y avait pas d'autre choix. Dès que cela fut possible, il fonda avec quelques amis l'hebdomadaire *Ruptures* dont le titre est à lui seul tout un programme, et auquel j'ai collaboré pendant sa courte existence qui s'arrêta le jour où un ignoble fanatique logea deux balles dans la tête de l'écrivain, au moment où il allait déposer ses deux fillettes devant leur école. La barbarie n'a pas d'états d'âme...

S'il faut parler de la vie et de la mort de Tahar Djaout et des autres victimes du terrorisme tels le dramaturge Abdelkader Alloula et les écrivains Laadi Flici, Yousef Sebti et Merzak Bagtache ; tel le libraire pied-noir Joaquim Grau qui tenait la plus belle et la plus prestigieuse librairie d'Alger ; ou tels ces trente-cinq journalistes ; cela ne devrait pas se faire par à-coups, par bribes ou par recoupements, mais d'une façon globale et méthodique, sinon l'histoire serait fallacieuse et vicelarde.

Pendant que les planqués de l'intellect coulaient des jours tranquilles sur les bords de Seine, Tahar Djaout et ses amis assassinés trimaient, survivaient et produisaient vaille que vaille dans leur pays, loin des ors et des honneurs, dans la solitude et la détresse.

L'histoire retiendra que Djaout est né pauvre et qu'il est mort pauvre, locataire d'un petit appartement dans une cité populaire de la banlieue d'Alger. Il a vécu proprement et a écrit avec un réel bonheur et un énorme talent.

C'était un pur. Son prénom veut dire cela, en arabe, rien que cela !

Lettres algériennes

Mais voilà qu'on vient de l'assassiner une deuxième fois, cette fois-ci, en France, à Paris, le jour du premier anniversaire de sa mort.

Arte devait lui consacrer un hommage. J'étais à Paris. C'était le 20 mai 1994. J'étais impatient de regarder cette émission. Ce fut en fait une exécution ; une deuxième mort.

On donna la parole à un pseudo-romancier algérien apparatchik du FLN jusqu'en 1992, qui justifia lui aussi le crime dont Tahar Djaout a été la victime et laissa couler son venin et sa haine contre lui, l'accusant de collaboration avec la France et lui reprochant d'écrire en français.

Je n'ai pu dormir cette nuit-là.

Le lendemain matin je pris le premier avion pour Alger. J'étais à la fois écœuré et épouvanté. Où se trouvaient les hauts fonctionnaires de la francophonie ce soir-là ? Le soir de la deuxième mort de Tahar Djaout !

Est-ce ainsi que les médias français vivent ?

Lettre 9

Comme dans tous les journaux du monde, il y a dans la presse française des préposés à la rubrique nécrologique. Ils font assez bien leur terrible boulot mais ne sont pas des croque-morts. Les croque-morts dans les journaux français sont une race à part. Ils sont à l'affût de la mort.

L'éloge funèbre se transforme vite en critique ordurière et acerbe. Ces attaques mesquines portent une marque idéologique et plongent dans cette région ambiguë de la culture d'où quelque chose d'indéfectiblement réactionnaire surgit, litanique et incohérent, à l'instar des pleureuses professionnelles de la Grèce d'antan qui ne se lacèrent le visage que pour se remplir le ventre.

Lettres algériennes

Après l'assassinat, en Algérie, d'écrivains, de journalistes, de savants, d'hommes de théâtre et d'intellectuels nous avons eu un petit aperçu de cette indécence, dans une certaine presse française qui a ouvert ses colonnes aux diffamateurs de Djaout, Alloula, Boucebsi et tant d'autres, comme aux commanditaires de leurs assassinats.

Les croque-morts ont oublié de nous dire que les funérailles de Djaout et de Alloula ont été – surtout et avant tout – des funérailles politiques et populaires.

Qui parmi ces milliers de personnes a vraiment lu ou vu l'œuvre de l'écrivain ou du metteur en scène? Peu. Très peu. Nous n'en sommes plus – heureusement – à l'époque de Byron, de Hölderlin et de Musset où les passionnés de littérature venaient se suicider sur la tombe de leurs poètes préférés.

La démocratie est un tout mais surtout pas un opportunisme de plus à trafiquer. Et il me semble que la mort de Tahar Djaout et des autres artistes, intellectuels et hommes de science algériens a permis à certains croque-morts français et parfois même algériens de trafiquer les faits, de faire des amalgames, d'user d'une nouvelle langue de bois, à rebours de

Lettres algériennes

l'ancienne et dont ils ont été les adeptes patentés, têtus et agressifs, il n'y a pas encore très longtemps. Beaucoup de censeurs reconnus et bien payés qui jouent les matadors dans ces journaux y ont été de leurs couplets sur la censure dont a souffert Djaout. On a tout dit sur Djaout : qu'il était un censeur du pouvoir et aussi un écrivain censuré par le même pouvoir !

En fait tous ceux qui créaient subversivement avaient un contre-discours, portaient un projet politique différent, ont été muselés dans notre pays et pas seulement par la censure étatique, objective et bureaucratique mais aussi par la censure subjective, larbinisée, copine et coquine. La censure de ceux-là mêmes qui le pleurent aujourd'hui.

Il y a de l'indécence et de l'obscénité à voir les censeurs d'hier et d'aujourd'hui dénoncer la censure subie par nos artistes, nos penseurs et nos intellectuels et dont ils étaient eux-mêmes les fers de lance, les opérateurs zélés et les pratiquants opiniâtres. C'est ainsi qu'il leur est souvent arrivé d'aller au-delà de toutes les espérances du censeur officiel.

C'est au nom de la démocratie et de la transparence que ces zélateurs incorrigibles vont feinter les morts pour éclabousser les vivants, les insulter avec une vindicte ancestrale et une haine viscérale. Pas n'importe quels vivants non plus, des vivants qui créent debout et regardent le monde dans le blanc des yeux, qui ne touchent pas des dividendes en sous-main, qui ont le culot d'avoir, depuis toujours, la même fidélité à des principes qui sont tout sauf opportunistes, intéressés ou mercantiles. Des principes qui mettent en avant la libération de l'homme tant des démons extérieurs que de ses propres démons intérieurs. Des principes de générosité, d'égalité et de justice. Des principes de courage entêté, d'audace subversive et de créativité illimitée. Sans tabou d'aucun ordre. Sans interdit d'aucune sorte.

Sans non-dit d'aucun type. Des principes qui fonctionnent sur leur propre orgueil, leur propre démesure et leur propre conviction. Des principes qui font fi des petits fours qu'on distribue dans les ambassades autant que des satisfecit octroyés par les gazettes d'outre-mer ou par les ministres français qui, hier encore, envoyaient les résistants algériens à la guillotine entre deux lampées de champagne rosé.

Les croque-morts de ces journaux tant français qu'algériens sont serviles devant n'importe quelle autorité, à partir du moment où elle leur

Lettres algériennes

promet des prébendes tombées tout droit de l'enfer de la médiocrité, du parasitisme et de la veulerie; à partir du moment où elle leur donne quelques petits prix, quelques petites médailles et quelques piécettes lourdes au change pour acheter de grosses Mercedes-Benz blanches si possible, immaculées par les brosses métalliques de la démence et de l'obséquiosité.

Nos artistes ont bon dos. Surtout lorsqu'ils sont morts! Très vite, alors, les croque-morts français s'en emparent pour les embaumer, leur passer onctueusement leur pommade lubrifiée à l'huile lourde de l'indécence et du culot maintes fois rapiécé, maintes fois rétamé; après les avoir confinés toute leur vie dans un silence pervers, cynique et débrouillard. Surtout que profitant de la superstition, de la religiosité frileuse et de cette tradition hypocrite qui veut qu'on ne demande jamais de comptes aux morts, les laveurs de cadavres s'en donnent à cœur joie et à plume acérée pour falsifier la réalité, rendre tout blanc ce qui – hier encore – était tout noir (comme si le gris n'existait pas en tant que nuance et que parti pris), transformer la parole en croassement.

Tahar Djaout était un écrivain. Il était même – par l'âge – le benjamin des lettres algériennes. C'était un homme. Avec ses faiblesses et ses forces. Ses vérités et ses errements. Voilà que certains s'en emparent et le transforment, pour des besognes très basses, en une statue de plomb, le vidant ainsi de tout le pathétique qui le remplissait au point qu'il le déversait dans l'écriture. L'écriture qui n'est qu'une amertume transcendée par un style. Djaout avait le sien, en tant que romancier, en tant qu'homme.

Certains Français le défendent par esprit de francophonie chauviniste. Certains Algériens par hypocrisie. Les Français laissent planer des doutes sur sa probité et son indépendance politique. Les islamistes algériens salissent sa mémoire en disant qu'il était le larbin du pouvoir. Et c'est en France même qu'on a entendu un chef intégriste affirmer à la télévision publique qu'il avait été exécuté pour avoir... insulté le FIS!

Les croque-morts savent-ils ce qu'écrire et mourir veulent dire?

Lettre 10

Jean Sénac a été la première victime de l'intégrisme islamiste algérien. Il avait été assassiné à l'arme blanche d'une façon atroce en septembre 1973 parce qu'il était pied-noir. Parce qu'il était d'origine française. Un symbole d'une Algérie multiraciale et multireligieuse. D'une Algérie généreuse! Plus algérien que n'importe quel autre, poète génial, perturbateur formidable et homosexuel patenté qui détournait les jeunes de la morale des ancêtres; il était particulièrement mal vu par le ministre de la Culture de l'époque, devenu l'un des pontes du FIS aujourd'hui. On avait décidé de punir Jean Sénac symboliquement et pour l'exemple. Pour faire comprendre aux autres pieds-noirs restés dans leur pays qu'ils n'étaient que de sales Français. Quoi qu'ils fassent. Quoi qu'ils disent!

Le seul, vraiment le seul! de nos aînés à s'être intéressé à nous, à nous avoir aidés et encouragés. Sans cesse. Les autres écrivains, parmi nos aînés, nous ignoraient, nous méprisaient. Nous étions trop naïfs du haut de nos vingt ans pour y voir la moindre malice. Jean, lui, comprenait tout. Il avait cette sale vocation d'être un médium. Et nous trouvait — généreusement — à tous du génie!

Beaucoup pensaient qu'il en rajoutait, avec sa barbe de prophète et sa calvitie, coiffé à la Verlaine. En fait, pas du tout. Il souffrait seulement cet homme-là. Il avait le pays et le poème dans la peau. Et cette passion incommensurable et cosmique du monde :

Cette terre est la mienne entre deux fuites fastes
Deux charniers, deux désirs, deux songes de béton
Mienne avec son soleil cassant comme un verglas
Avec son insolent lignage, ses cadavres climatisés
Ses tanks et la puanteur du poème
A la merci d'un cran d'arrêt.

Lettres algériennes

Jean Sénac nous a toujours aidés lorsque nous avions vingt ans. Lui qui savait ouvrir les parenthèses et faisait semblant de ne pas savoir les fermer, parce qu'il était malicieux et bon, en vrai pied-noir qu'il était. Talentueux comme un poète. Généreux jusqu'au bégaiement et jusqu'à l'impudeur, il avait le verbe dru et vaste. Les projets plantureux et fastes. Les injures passionnées et ardentes. La dérision fatale. La démarche svelte. Le rire profus.

Je l'ai vu pour la dernière fois quelques jours avant sa mort. Il était assis sur un lit provisoire dans cette cave définitive (il signait Jean Reclus parce qu'il se sentait mal dans cette misérable cave de la rue Élysée-Reclus où il habitait, à quelques mètres du ministère algérien de la Culture!) qui allait devenir sa tombe. Il était donc assis et regardait, à moitié effrayé, à moitié amusé, des souris cavaler sur une petite table minable sur laquelle traînaient des restes du dîner. Cela ne le décourageait pas, lui qui savait que « la poésie est un guet-apens ».

Un certain nombre d'écrivains et de peintres algériens doivent tout à Jean Sénac l'Algérien, à Jean Sénac le Pied-Noir! leur vie, leur talent, et leur courage. Car il était courageux et ne cessait pas d'allumer de véritables incendies, de provoquer de terribles séismes et de faire de fervents désastres dans nos têtes de vingt ans. Il avait de la ferveur à revendre, cet homme-là. De quoi ensevelir un continent et plus! Cela dérangeait beaucoup. Jusqu'à son nom qui gênait certains (ne lui avait-on pas reproché de ne pas être arabe et de ne pas s'appeler Mohamed Ben Senaq!) et jusqu'à sa façon de déplier les mots et sa carcasse maigre mais bourrée de vivacité. Ceux qui l'avaient persécuté étaient souvent des artistes talentueux et célèbres qui le jalousaient à mort parce qu'ils savaient qu'il était le plus grand poète du Maghreb.

Malgré sa propension à la paranoïa, il ne se méfiait de personne, ne doutait de rien. C'est dans ces moments-là que l'on se rend compte que la poésie est équivoque. Qu'elle est à triple tranchant. Qu'en fait, disait-il, « elle est protestatrice ». C'est peut-être pour cela qu'il se disait « *gaouri* » (étranger en arabe) et qu'il connaissait par cœur Omar Khayyam.

Quand j'arrivai dans son « gourbi » après sa mort et avant que son corps ne fût transporté à la morgue, j'ai vu ce cadavre devenu anonyme transpercé de mille coups de poignard d'un voyou plus paumé que lui; ou d'un intégriste plus bâtard que lui (Jean Sénac n'avait pas connu son père!), plus poète que lui, peut-être... Dans cet antre à l'odeur de vieux livres moisis, de camphre et d'huile rance, il y avait une atmosphère émouvante faite de souvenirs, de mots âpres, macérés, tissés dans l'étoffe des choses, à jamais bourrés de néant.

Je connais bien le cimetière où il a été enterré face à la mer. Au-dessus du môle de La Pointe-Pescade de l'époque devenue, aujourd'hui, Raïs Hamidou du nom d'un célèbre corsaire algérien; et qui allait bien à sa passion des pirates et de la mer.

Le cimetière où Jean Sénac est enterré est herbu et fleuri. Il fait face à la mer qu'il a tant aimée. Qui l'a tant aimé.

Au fond, il ne reste plus qu'une chose à faire : donner à Jean Sénac sa place dans la littérature algérienne, parce qu'il était algérien jusqu'au bout des ongles et jusqu'au bout de la poésie. Lui qui a été l'ami intime de Camus qui l'appelait *hijo*. Lui qui a porté son pays – l'Algérie – jusqu'à son dernier rayon de soleil. C'est-à-dire un soleil debout sur nos paupières amnésiques...

Jean Sénac, le *gaouri*, a été assassiné par des intégristes qui avaient la haine de l'intelligence et la haine de l'autre.

Il y a déjà bien longtemps!

Lettre 11

L'image que se fait l'intellectuel français de lui-même est à la fois complexe et compliquée, par rapport au problème de sa propre situation à l'intérieur de la société française. Les guerres et autres génocides coloniaux sont pour quelque chose dans la détresse de l'intellectuel d'aujourd'hui.

Je n'en ai jamais connu un qui ait fait la guerre d'Algérie et qui en parle. Il y a un silence à ce propos, même chez mes meilleurs amis, qui me laisse perplexe. Tous reconnaissent y avoir participé; mais tous affirment qu'ils n'ont jamais tué ne serait-ce qu'une mouche algérienne.

Selon eux, ils étaient dans l'intendance!

Lettres algériennes

Jamais dans les opérations de répression, les ratissages, les salles de torture, les massacres. Jamais!

Mais il n'y a pas que cela. L'incertitude quant à son statut d'intellectuel, le rapport au pouvoir politique et un certain égoïsme gêné font qu'il baigne en permanence dans le malaise. C'est ainsi que l'image qu'il a et qu'il donne de lui-même, consciemment ou inconsciemment, se cristallise dans sa conscience subjective grâce à une opposition entre deux conceptions du monde totalement contradictoires. La première conception est de l'ordre du politique. La deuxième, de l'ordre du culturel.

La contradiction entre ces deux éléments rend la conscience subjective de l'intellectuel qui a enterré Sartre, Camus et Malraux, et sa relation avec son entité psychologique, instables, indécises et désorientées. En fait, il fonctionne selon les circonstances, à tâtons, et navigue à vue, à partir de critères qui sont parfois subjectifs et imaginaires et parfois objectifs et réels. J'ai l'impression qu'il n'a plus de repères. Plus de maîtres à penser. « Ils ont été remplacés par les top modèles », selon un sociologue français. Alors il se rue sur une nouvelle catégorie d'intellectuels d'un genre nou-

Lettres algériennes

veau. Je les appellerai ironiquement les intellectuels *héroïques* du star-système et de la caméra-à-tout-prix.

C'est cette contradiction qui engendre l'attitude de refus absolu, le dégoût subjectif et l'inquiétude inhibitrice, qui peuvent jouer un rôle de révélateur, permettre la prise de conscience. Parce que l'intellectuel français honnête est souvent rebuté par la réalité sociologique qui l'entoure et qu'il refuse agressivement et désespérément. Ce qui amène certains à fuir dans les solutions individualistes et donc narcissiques qui leur font croire qu'ils n'ont aucun moyen d'agir sur les pesanteurs tant sociologiques que politiques, de l'intérieur.

Et c'est peut-être pour cela que les sciences sociales actuelles végètent lamentablement et sont d'une pauvreté remarquable, à quelques rares exceptions. Il découle de cette indigence l'inexistence de la théorie politique et de l'analyse scientifique des rapports socio-économiques à l'intérieur de la société française devenue une forcenée du rire gras, de la déconcentration et du vautrement. Les intellectuels en subissent, du coup, les conséquences. Ils ont peur d'être trop intelligents parce que la mode est à la griffe « Grand Public ».

Lettres algériennes

L'ambiguïté et la mauvaise conscience dont souffre l'intellectuel français, actuellement, quant à son propre rôle et sa propre réalité est – peut-être – due au fait qu'il hésite entre deux attitudes. La première concerne son adhésion à une identité culturelle mobile et instable dont le noyau dur est d'ordre civilisationnel surtout. La deuxième concerne son adhésion à une identité idéologique immobile et stable dont le noyau dur tourne autour de l'idée de la France infaillible, dont il n'a pas trop l'habitude puisqu'il manque de référents historiques, tant il est vrai que la tradition intellectuelle a été de tout temps, en France, rebelle, subversive et anticonformiste. Le fait qu'il ait un rapport confus à la société molle et un rapport conflictuel opportuniste à l'idéologie de l'indifférence, renforce son complexe vis-à-vis de sa conscience subjective.

A la différence de Sartre, Camus et Malraux qui avaient un rapport méfiant, orgueilleux voire hostile aux politiques français, les nouveaux intellectuels sont plutôt dociles, plutôt mondains, plutôt vassaux, plutôt arrivistes, plutôt gourmands.

Il y a quelques années *Le Monde* publia un éditorial dans lequel il appelait les intellectuels

Lettres algériennes

français à cesser d'avoir mauvaise conscience quant à l'histoire coloniale de la France! Ce n'est pas pour rien qu'un tel édito peut être publié. Il y a malaise. Complexe. Qui se développent dès qu'il s'agit de la politique. Il est remarquable que depuis quelques années, l'intellectuel français n'a produit que de rares textes significatifs sur son rôle dans la société et quelques analyses pour expliquer scientifiquement certains phénomènes ou résurgences qui tendent tous à l'intolérance de quelque ordre qu'elle fût. Mais ceci n'a rien de surprenant dans la mesure où l'attitude des intellectuels envers la société, l'État et la raison d'État en tant qu'essence théologique ou en tant que pratique dogmatique, se caractérise par la passivité et la fuite en avant, parce que la vision du monde n'a pas encore été clarifiée.

Ceux-là ont généralement horreur de s'engager et font de l'apolitisme un gage de probité.

Depuis l'installation du nouveau désordre mondial, on a le sentiment que leur conscience subjective si complexée et inhibée est en train d'éclater au profit d'une effervescence qui – chez certains – attire la méfiance et crée le doute. La vanité remplace l'orgueil et c'est terrible.

Lettres algériennes

Mais nous assistons actuellement à un ébranlement de la conscience subjective de l'intellectuel qui a l'air de vouloir sortir de lui-même, de son opportunisme, de sa prudence et de son immobilisme. Tant de maux qui ont permis chez nous (en Algérie et dans le Tiers Monde en général) au pouvoir politique d'occuper tout le terrain, avec – souvent – beaucoup d'arrogance, de suffisance et de mépris. C'est ainsi que s'est développée cette bureaucratie de la pensée sclérosée qui croyait détenir à elle seule toute la vérité et qui a – souvent – transformé les intellectuels français en petits élèves obéissants et reconnaissants.

Cette énarchie est évidemment opportuniste. Elle est enivrée par ses propres diatribes et dépassée par la bêtise de ses propres arguments que certains gobaient avec délectation, la laissant agir à sa guise et sans vergogne. C'est ainsi que l'État, en l'absence de toute réaction de la part des intellectuels, a accaparé le terrain intellectuel et de la réflexion laissé à l'abandon par ceux-là mêmes qui avaient le devoir de le prendre en charge parce qu'ils se sont laissé effrayer par la pieuvre étatique goulue.

Heureusement que les exceptions sont nombreuses et que face à la montée de la philo-

Lettres algériennes

sophie des petits fours se réveille lentement une nouvelle conscience intellectuelle française prête à bondir et à rugir. Intelligemment! Même si elle est systématiquement occultée. Invisible. Oubliée éternellement par les médias, à tel point que quand on lui donne parfois la parole, elle bégaye, perd ses mots et sa photogénie.

Parce que, pour les intellectuels qui se battent, toutes les périodes sont historiques et on ne crache pas sur Mai 68, sans être ignoble. Voir à ce propos les nombreux soixante-huitards devenus aujourd'hui hommes politiques redoutables ou affairistes insatiables.

Il est vrai qu'en ces temps de l'ambiguïté et de la prudence, n'est pas Sartre ni Malraux ni Camus, qui veut!

Lettre 12

Dans les sociétés, il arrive très souvent que la religiosité ou encore la superstition se superposent à la croyance d'ordre métaphysique qui fonctionne, elle, selon l'ordre de la foi pure. Il m'est souvent arrivé d'assister à des manifestations de superstition des plus naïves, en France.

C'est là un sujet d'étonnement perpétuel pour moi qui suis issu d'une société qui bégaye entre le rationnel et l'irrationnel, le nouveau et l'archaïque. Exemple : ce harki, commandant dans l'armée française, qui avait égorgé sa fille parce qu'elle fréquentait un jeune garçon français. Cela se passait, il y a une dizaine d'années, près de Colmar.

Un autre exemple, tout récent celui-là, qui a vu un imam FIS et charlatan tuer une jeune fille « possédée par les démons » avec la complicité des parents de la victime.

Ainsi, le 30 juin 1994, à Roubaix, Louisa Lardouni, une jeune Algérienne de dix-neuf ans souffrant d'épilepsie, est morte victime d'une séance de désenvoûtement. On lui a fait boire des litres d'eau salée, on l'a rouée de coups avec une cravache mouillée, on a pratiqué sur elle plusieurs strangulations... Horrible séance qui a duré toute la journée pour exorciser le démon, jusqu'à ce que mort s'ensuive.

L'homme qui a pratiqué cet exorcisme est l'imam de la mosquée Archimède, un certain Mohamed Kerzazi. Son acolyte, un certain Mourad Selmane, était le président de l'association caritative qui gérait la mosquée. Tous les deux étaient des militants du FIS. L'imam était connu pour ses prêches incendiaires. Le président était un fils de harki, membre actif du FIS donc et l'un des dirigeants de la FAF (Fraternité algérienne de France), une officine du parti intégriste. C'est lui, Mourad Selmane, qui a organisé à Roubaix, en avril 92, un meeting du FIS en présence de Anouar Haddam, Moussa Kraouche et Abdelbaki Sahraoui *,

---

* Ce texte a été écrit avant l'attentat qui coûta la vie à l'imam Sahraoui. (N.d.E.)

Lettres algériennes

l'inamovible et irascible imam de la mosquée de la rue Myrha, dans le XVIIIe arrondissement de Paris. Qui justifia le crime commis contre Tahar Djaout, sur Arte.

Du beau monde, donc!

Louisa Lardouni est la première victime du FIS en France. Elle a été assassinée par des charlatans qui avaient d'importantes responsabilités dans le mouvement intégriste.

C'est ça la médecine du FIS.

C'est ça le danger pernicieux qui guette la communauté maghrébine en France, si on laisse faire ces tueurs, ces charlatans et ces exorcistes d'un autre âge.

Voir en France proliférer tous les charlatanismes possibles et imaginables qui prennent pour support des techniques modernes tels la publicité, l'informatique ou le management me fait à la fois sourire et m'inquiéter; il n'empêche que je reste sidéré par de tels phénomènes pathologiques qui veulent s'apparenter à des phénomènes normaux de la vie mentale tant des individus que des sociétés.

Je comprends mieux quand cela se passe en Algérie. Ma mère il y a quelques années, mes sœurs, encore aujourd'hui, ont un répertoire incroyable de pratiques superstitieuses, toutes liées à la peur de l'inconnu, du lendemain et de l'avenir : émietter des bouts de viande pour amadouer les anges et les démons qui vivent invisibles dans la maison. Verser de l'eau sur le seuil de la porte quand un membre de la famille s'en va pour un long voyage. Lire l'avenir dans le plomb fondu et refroidi dans l'eau. Avoir à l'esprit mille astuces pour déjouer le mauvais œil, le mauvais sort, la malchance et les mauvais esprits. Tout un répertoire précis et compliqué pour, en fait, exorciser ses peurs.

Il y a, par exemple, une superstition méditerranéenne à motivation constante malgré les différences culturelles, sociales et religieuses. Elle est de l'ordre du répétitif. Elle a, partout, les mêmes recettes pour éloigner le mal, soigner les maladies occasionnées par les autres et contourner le mauvais sort, voire détourner le sens du monde.

Certaines manifestations superstitieuses perdurent malgré les bouleversements et les transformations que le progrès scientifique et technique introduit à l'intérieur d'une société. On continue à « toucher du bois », alors que l'ère du plastique et de l'aggloméré bat son plein! Mais la superstition n'en est pas à une contradiction près... Elle a une capacité d'adaptation extraordinaire. Cet exemple : toucher du bois pour se préserver d'un mal dont on vient de formuler verbalement l'existence est une superstition typiquement française qui s'est propagée dans le monde entier. J'ai vu de vieux Chinois, à Shanghai, le faire dès qu'ils ont conclu une bonne affaire. Cette tradition n'existe pas dans la superstition populaire algérienne, mais on la trouve souvent chez les intellectuels. Éviter de passer sous une échelle n'est pas non plus une superstition authentiquement ou typiquement algérienne. Elle est colportée par les intellectuels qui la ramènent dans leurs bagages de... France.

C'est ainsi que j'ai remarqué, en France, la prolifération d'annonces sur la voyance, la sorcellerie et la magie africaines. Au début ces annonces étaient insérées dans les journaux populaires à grand tirage, puis on les a vues se multiplier dans le métro, les magazines et les hebdomadaires les plus sérieux. Quelle revanche de l'histoire que de voir ces charlatans et autres guérisseurs africains devenir objets de dévotion de la part d'une énorme clientèle provenant de toutes les couches de la société française.

Revanche douce-amère. Pathétique à la fois et joviale comme un gros nègre joufflu...

Lettres algériennes

La vision magique du monde a l'art du détour et de la représentation. Elle explique tout. A remède pour tout. Transforme sa peur du monde en maîtrise – farfelue – du monde. En ce sens, elle est efficace et permet une certaine prévention. Éviter de passer sous une échelle où l'on risque de recevoir une tuile est en soi une sagesse, mais elle fonctionne à vide.

En réalité cette superstition d'origine primitive fait encore des ravages dans la société française qui, en principe, a dépassé ce stade depuis belle lurette. Peut-être que l'excès de rationalisme engendre chez les Français cette réaction non pas primitive mais enfantine. Je trouve que c'est là une fraîcheur d'esprit et une disponibilité à admirer l'autre, même s'il s'agit de situations plutôt cocasses, plutôt rocambolesques et, parfois, dramatiques.

La société française a été et reste très judéo-chrétienne et très puritaine malgré les apparences pornographiques des murs parisiens. Sinon, elle saurait que le chiffre trois, par exemple, est magique parce qu'il symbolise les principales zones érogènes. Tout le monde sait qu'elles sont au nombre de trois. Donner à ce chiffre un caractère magique comme cela se passe dans beaucoup de contes tant occidentaux qu'orientaux, c'est tenter de le vider d'une certaine représentation d'ordre érotique et donc amoral. Selon un de mes amis pédo-psychiatre ce chiffre trois revient souvent dans les rêves des enfants psychotiques traités en France. Les enfants qui étaient obsédés par ce chiffre présentaient des fantasmes oraux cannibaliques marqués !

La société française moderne a de plus en plus tendance à fonctionner d'une façon superstitieuse et à remplacer l'attitude strictement religieuse par une attitude empreinte de religiosité ! C'est là, peut-être, contradictoirement, la rançon de la modernité confrontée à une société en crise qui a perdu ses marques et ses repères tant matériels que moraux.

Sans parler de toutes ces sectes qui prolifèrent ! face au désarroi de l'urbanisme dément qui brise toute forme de solidarité et ne peut la remplacer par rien qui vaille.

Lettre 13

Le mythe est en fait une tentative naïve d'explication d'un phénomène naturel et on le retrouve partout dans les légendes souvent identiques, chez des peuples qui, a priori, sont très éloignés les uns des autres, tant géographiquement que religieusement.

Montaigne ne disait pas autre chose lorsqu'il écrivait : « Je tords plus volontiers une sentence pour la recoudre sur moi que je ne tords mon fil pour l'aller quérir. Au rebours c'est le Gascon qui y arrive si le Français n'y peut aller... J'ai honte de voir ces hommes enivrés de cette sotte humeur, de s'effaroucher des formes différentes des leurs. » *(Les Essais.)*

Souvent les mythes ont été créés par les hommes parfois pour des raisons politiques qui n'avaient rien à voir avec l'astronomie, la religiosité ou la superstition. Ils étaient aussitôt récupérés par d'autres peuples souvent très lointains. Mais réduire les mythes à une vision naturelle, c'est négliger l'égocentrisme de l'humanité et négliger la nécessité de clarifier les motivations profondes et non apparentes qui font que l'homme a besoin de mythes.

Dans le mythe, les peuples vivent leurs désirs comme déjà accomplis ; alors qu'ils ne le sont pas du tout. Le mythe naît toujours d'une longue attente stérile. D'une déception collective. D'un désir refoulé de groupe. D'une frustration, donc.

C'est pourquoi pour moi l'intégrisme islamique, par exemple, est un mythe.

Issu d'une double culture imposée par les hasards de la colonisation et de l'histoire, ce genre d'appréciation me rassure. En effet, j'ai toujours l'impression d'avoir, en tant qu'Algérien, la même vie, la même langue, les mêmes comportements, mais dédoublés, qu'un Français ou un Chinois. Quand j'écris en arabe, le français est là. Et quand j'écris en français, l'arabe est obsédant. De même lorsque je subis ou je vis les mythes collectifs de la société algérienne passée et présente je ressens inconsciemment que fondamentalement ils sont les mêmes que ceux que je vois se déployer en France, lorsque j'y séjourne ou à travers la lecture des journaux ou des livres français.

En fait j'ai l'impression que la vie est partout la même. Les réactions d'une mère française vis-à-vis de son fils qui est un de mes amis me rappellent exactement les réactions de ma mère vis-à-vis de moi. Pourtant le préjugé veut qu'il n'y ait rien à voir entre une mère française et une mère algérienne.

Et c'est faux!

Ma mère m'a toujours répété que les larmes sont salées dans tous les pays du monde.

En effet l'identification originelle de l'homme avec son lieu est incontournable dans le mythe c'est-à-dire dans la société et dans la religion. Quand je suis arrivé la première fois de ma vie en France, j'avais vingt-cinq ans et je croyais que tous les Français, à l'instar de mon prof de philo, étaient athées.

L'idée du Dieu unique qui crée et conçoit dans la religion juive, lieu de la protection dans la religion chrétienne ou lieu de la récompense dans la religion musulmane, toutes ces conceptions d'une survie ne sont rien d'autre que les réalisations des fantasmes du désir humain, en détresse de son avenir.

Lettres algériennes

Cette explication du mythe partagé entre les peuples de la planète ne fait que s'ajouter aux autres d'ordre sociologique. Mais ce qui est vraiment sublime c'est l'interférence qui existe entre la production du mythe et la production du rêve. La corrélation est totale, voire surprenante. Parce que le mythe, comme le rêve, est à la base du désir; l'analogie entre le rêve et le mythe est parfaite.

J'y réalise, dans les deux cas, tout ce que j'ai envie d'avoir et, surtout, j'y refoule ou j'y défoule le cauchemar et tout ce qui m'effraie, me terrorise et me terrifie. Comme dans le rêve, il y a des oublis. J'oublie personnellement la plupart de mes rêves et une grande partie de mes cauchemars. Dans le mythe, il y en a aussi. Ainsi les peuples ont des périodes d'oubli, ou mieux encore, des périodes d'amnésie (un exemple : les résistances psychologiques et l'impasse que l'on fait en France sur l'histoire coloniale et sur l'époque de la collaboration avec les nazis), car pour toute collectivité humaine, il y a toujours un moment où l'on doit se débarrasser de ses mythes considérés, alors, comme un mode de pensée prosaïque, dépassé et archaïque. C'est la compréhension progressive des phénomènes et des lois de la nature qui est en cause. (Par exemple : l'opposition de l'Église chrétienne à la théorie de Galilée sur le mouvement de la Terre autour du Soleil. Aujourd'hui, on fait semblant d'oublier que Galilée a été condamné !) L'homme, quel qu'il soit, ne cesse, au fond, d'être honnête à travers sa mauvaise conscience.

Au cours de la préhistoire, chaque peuple élabore ses fantasmes sous l'effet de la peur et de l'incompréhension. Quand il accède à l'histoire ce même peuple transforme ses fantasmes débridés en mythes élaborés. Parce que le mythe n'est que le vestige de la vie intérieure des enfants.

C'est pourquoi quand je me promène à Paris ou à Alger, je regarde toujours les passants comme... de grands enfants que j'aime bien malgré leurs petites sottises, leurs petits côtés caractériels et leur côté de petits « chipeurs » de bonbons...

A vingt-cinq ans, je croyais que les Français en avaient terminé avec tous les mythes.

Il est vrai que c'était en mai 68...

Lettre 14

Vue d'Alger l'écologie française semble une sorte de nébuleuse luxueuse ou une vue de l'esprit rigolote. Pour l'homme pauvre, c'est la terre qu'il gratte, le vent qui craquelle sa parcelle, le ciel parfois chiche de ses pluies, parfois trop généreux, le soleil qui incendie sa vie, ce sont tous ces éléments naturels qui se liguent contre lui et rendent vains tous ses efforts. Pour l'homme pauvre, la planète est mauvaise et l'écologie est un jeu de gens riches, une mode pour fainéants. En fait, l'homme africain, asiatique ou sud-américain ignore souvent jusqu'à ce mot. C'est pourquoi il semblerait que l'écologie des pays riches crée instinctivement une contre-écologie des pays pauvres.

Le « quant-à-soi » des pays habitués à l'opulence gère les égoïsme nationaux et les exacerbe jusqu'à l'intolérable fanatisme du plus fort. Au fond, on a l'impression que dans les pays développés l'homme naît presque prédateur parce qu'il porte dans ses gènes la passion de lui-même, le sens de la réussite matérielle, la volonté d'être le meilleur ou de ne pas être du tout. Certes, l'homme pauvre naît, lui aussi, presque prédateur, mais il a quelques remords à l'être et quelques failles à l'assumer jusqu'au bout. Ne serait-ce que par son incapacité à maîtriser la nature et à la posséder.

La pollution de l'atmosphère et le décapage de l'écorce terrestre ne peuvent pas être pris en charge par l'écologie sans qu'elle fasse le bilan d'une gestion humaine qui dure depuis des millénaires, d'un comportement ancestral vis-à-vis de la faune et de la flore qui a fait de la chasse et de la pêche, qui étaient au départ une façon de survivre, un art de vivre, un sport, un prétexte pour tuer les animaux. Si l'écologie ne remonte pas aux causes premières, elle ne réussira que conjoncturellement.

L'inassouvissement qui est de l'ordre du psychologique est à la base de cette destruction programmée de la planète, l'oublier ou le négliger c'est aboutir à une impasse d'ordre rituel et magique. Très peu efficace! Produire plus, consommer plus, ce n'est pas une nécessité économique mais un comportement névrotique qu'on inculque aux enfants des pays riches dès qu'ils sont capables de sucer un biberon. C'est là que l'écologie occidentale pèche par excès.

Elle applique trop d'éléments politiques et bucoliques à une réalité où la psychologie est sinon déterminante, du moins importante. C'est pourquoi il me semble que l'organisation des écologistes européens en partis politiques est une aberration formidable, un contresens grave qui fourvoie l'écologie dans les lagunes de la mémoire humaine et dans les affres de la parole répétitive et incantatoire. Quelque chose qui la rend mafieuse. J'ai constaté par exemple que les personnes célèbres ou influentes qui défendent les phoques, les baleines ou les ours se taisent et ne disent rien sur le fait que trente-cinq millions d'enfants meurent à cause de famine ou de la guerre chaque année. Une telle attitude est bizarre sinon contradictoire. Parce qu'aimer les animaux ce n'est pas haïr les enfants. Il y en a même qui créent des haras luxueux pour les chevaux de course à la retraite mais on achève bien les SDF, les chômeurs, les exclus, les affamés, les enfants...

Lettres algériennes

Dans les pays pauvres comme le mien on se fiche de l'écologie. On pollue, on malmène la nature et on détruit la faune en prenant souvent modèle sur les pays riches. Par exemple, en Algérie, les complexes pétroliers et gaziers ont été érigés selon les normes américaines ou françaises puisqu'ils ont été achetés clés en main aux différentes entreprises étatiques ou privées de ces pays, sans que jamais on se soit préoccupé de l'environnement. Ainsi les régions de Skikda, Bejaia ou Arzew, où se trouvent les sites de la pétrochimie algérienne, sont complètement polluées.

Au large de l'Afrique du Nord et de l'Afrique subsaharienne, les bateaux des pays riches viennent vidanger leurs réservoirs, avec la complicité active ou passive des autorités locales. Il y a donc, à travers ces deux exemples, une sorte de complicité politique entre les gouvernements des pays riches et ceux des pays pauvres, pour aggraver la situation écologique, pour des raisons de profit et de rapine organisés.

Dans la brousse africaine ou amazonienne, on abat les arbres des forêts pour survivre. La pratique du brûlis endommage gravement l'environnement vital des populations alentour, mais là aussi se pose le problème de la survie

Lettres algériennes

dans un site précaire et hostile. Très vite le cercle se referme : entre les nécessités de l'écologie et les besoins des plus démunis.

Un pays semi-industrialisé comme l'Algérie rembourse chaque année la valeur de 80 % de ce que lui rapportent ses exportations, rien que pour payer le service de sa dette. En douze ans, ce pays a remboursé trois fois sa dette globale en s'acquittant des intérêts. En 1991 l'ensemble des pays de l'hémisphère Nord a versé 60 millions de dollars sous forme d'aide et reçu 200 milliards de dollars sous forme de royalties et de bénéfices commerciaux!!! Comment est-il possible alors de demander aux pays pauvres en proie à l'endettement et à la gabegie de se préoccuper d'écologie?

Les dix milliards d'hommes qui peupleront la planète dès le début du XXIe siècle sont tous de futurs prédateurs en puissance. Ils dévoreront l'écorce terrestre, boiront tout l'ozone qui reste dans l'atmosphère et détruiront tous les équilibres naturels. Les riches pour mieux s'enliser dans les délices de la consommation insondable. Les pauvres pour gratter quelques subsides nutritifs. C'est cela le vrai danger!

Les prospectives accablantes donnent une petite idée de l'horreur du monde à venir. Cela

Lettres algériennes

donne lieu à quelques éditoriaux français de circonstance qui permettent de se débarrasser, très vite, de sa mauvaise conscience et surtout de sa propre terreur devant une réalité que tout le monde s'entête à consolider, stratifier, cristalliser, chaque jour un peu plus.

Ce discours n'est que rarement tenu par les tenants de l'écologie, particulièrement en France, qui ont découvert les joies de l'élection avec une passion de néophyte, éberlués par leur propre succès. Quelque peu naïf de croire que la défense des éléphants asiatiques et des phoques américains pose réellement et efficacement les vrais problèmes. Quelque peu idéaliste de penser que la protection des forêts européennes qui longent les autoroutes pose vraiment les vraies questions.

Les écologistes, divisés et devenus des entrepreneurs en politicaillerie, donnent l'impression qu'ils sont pollués jusqu'à la moelle. Discours pseudo-scientifique qui vulgarise tout et crée un produit qui se vend bien, sans pour autant poser les vrais problèmes qui sont d'ordre politique.

Combien de génocides humains quotidiens sont-ils à la une des journaux? Des tribus entières sont rayées des cartes et cela laisse

Lettres algériennes

indifférent le grand public prêt à s'apitoyer sur le sort des ours gris ou des loutres d'Amazonie. Avant d'aimer la nature et les animaux il faudrait, peut-être, s'intéresser aux drames affreux et permanents dans lesquels vit la très grande partie de l'humanité. Parfois l'écologie donne l'impression qu'elle est une chasse gardée ou une sorte de pêche interdite pour aristocrates naturistes qui aiment l'eau glaciale dans les lacs alpins. Mais le Rwanda! Mais les millions d'enfants malmenés, assassinés, exploités, affamés, prostitués, partout dans le monde?

De la même manière, et à l'enseigne des classes pauvres dans les pays riches, les pays pauvres agissent souvent d'une façon réactionnelle à certains discours écologistes qu'ils refusent d'emblée et agressivement jusqu'à multiplier les dégradations et les atteintes aux équilibres naturels. En Amérique du Sud et en Afrique noire, les cultures sur brûlis sont interdites par l'État qui utilise la force et la répression pour se faire obéir. L'indigène aura alors à cœur de n'en faire qu'à sa tête, de valoriser sa survie et de se venger de l'autoritarisme excessif du gendarme.

Il faudrait d'abord recultiver le sens de l'humain chez les riches pour atténuer le malentendu que l'écologie a tendance à développer. Une planète propre ne peut se faire sans une mentalité propre. Peut-être est-ce trop demander...?

Peut-être est-ce là que l'écologie s'est quelque peu envasée dans les méandres et les marécages redoutables de la politique?

Peut-être est-ce pour cela que l'humain a plus que jamais besoin de son humus?

Lettre 15

J'ai découvert Picasso à Paris à travers une exposition consacrée à la douzaine de tableaux peints pendant la guerre d'Algérie : *Femmes d'Alger dans leurs appartements*. C'était un hommage à l'Algérie en guerre, à partir d'une lecture à la fois critique et admirative d'Eugène Delacroix qui, lui, n'avait passé qu'une seule nuit à Alger, en transit entre le Maroc et la France. Delacroix avait passé cette nuit dans un bordel somptueux de la Casbah d'Alger. Il en sortit avec dans la tête le projet de son fameux tableau des Algéroises que Picasso allait multiplier. Lui qui savait que Delacroix était un officier des renseignements généraux chargé de déstabiliser le Maroc en proie à la convoitise de plusieurs puissances européennes. Le Maroc n'allait pas tarder à tomber dans les couffins français, espagnols et presque... allemands.

L'exposition où étaient exhibées au public les *Femmes d'Alger dans leurs appartements* de Picasso se tenait dans la grande halle de Baltard, juste avant sa démolition puis sa transformation. Grand espace. Magnificence des peintures. Musique andalouse. J'étais dans le ravissement bien que me reprochant mon petit côté chauvin qui fait que j'ai découvert Picasso par ses femmes algériennes plutôt que par ses désastres guernicaïens.

Picasso écrivait en 1960 : « Quand je peins, j'essaie toujours de donner une image à laquelle les gens ne s'attendent pas et qui soit assez écrasante pour être inacceptable, mythomaniaque. C'est cela qui m'intéresse. Et dans ce sens je veux être subversif. C'est-à-dire que je donne aux gens une image de la nature du monde et d'eux-mêmes. Les éléments épars viennent de la manière courante de voir les choses en peinture traditionnelle, mais ils sont rassemblés de façon inattendue, troublante, mythificatrice pour forcer le spectateur à se poser des questions. La peinture n'est pas une question de sensibilité; il faut usurper le pouvoir, on doit déplacer la nature et ne pas dépendre des informations qu'elle nous donne. »

J'avais vingt-cinq ans à cette époque et je commençais timidement à me frotter à la littérature. La lecture de ce texte de Picasso affiché dans l'exposition m'avait subjugué. Je me retrouvais dans ce qu'il disait, lui l'Espagnol, « l'accueilli » par la France et devenu français par passion et non par nécessité.

C'est ce jour-là, à Paris, que je compris que mes tendances mythomaniaques ne pouvaient se déverser honnêtement et modestement que dans la littérature. Je me mis à fabriquer douloureusement mon propre mythe personnel d'écrivain mais nourri et abreuvé par la mythologie universelle que Paris divulguait et diffusait abondamment. C'est parce que beaucoup de créateurs étrangers ont pu profiter de Paris qu'ils ont eu le talent de faire déborder leurs mythes personnels pour en faire une mythomanie universelle. C'est-à-dire une œuvre d'art pathétique et humaine.

En fait la fabulation et la mythomanie sont aussi chez l'artiste une façon de consolider le réel qui lui échappe. L'artiste qui crée toujours à partir de données humaines, historiques et politiques réelles a tendance à les déformer, les refaire, voire les exagérer pour être crédible! C'est certes là un paradoxe mais sur lequel se fond l'humain pour consolider – à l'instar des enfants – une réalité mouvante, instable, insaisissable et donc incompréhensible. La mythomanie, dans l'art, est à ce niveau révélatrice d'un code psychique extrêmement complexe et d'une codification sociale qui ne l'est pas moins.

Mais si, dans l'art, elle est porteuse de signes ludiques, extrapolateurs, évanescents et gommables à tous moments, dans la vie la mythomanie n'est pas seulement une déviation psychologique, elle est aussi une déviation sociologique que l'on a tendance à minimiser, celle-là! Si on la définit comme la passion de déformer, de camoufler et de farder la réalité, à ce moment, l'élégance, la mode vestimentaire et surtout l'art du maquillage sont une forme outrecuidante mais hypocrite et donc socialisée et banalisée de la mythomanie!

Paris, cette fascination formidable, en sait quelque chose. Parce qu'elle est une caisse de résonance incroyable qui diffuse ses échos vers le monde entier qui en reste époustouflé.

De même la rumeur publique française a été – partout et de tout temps – porteuse de mythomanie parce qu'elle part d'un fait banal, squelettique et futile pour le grossir et l'élever – somptueusement – au rang de mythe. Là il s'agit de la création populaire et sa lecture du politique, du quotidien et de la vie. Le téléphone arabe est une expression typiquement française!

Même lorsqu'il s'agit de l'oralité! La vraie. Efficace. Impénétrable. Insondable. Dont l'origine se perd dans les méandres du contexte populaire et des ruelles étroites des grosses villes de France qui suintent l'angoisse et l'euphorie en même temps. Que ce soit dans le vieux Paris, le vieux Lyon ou le vieux Marseille!

Une mythomanie culturelle et politique donc qu'aucune censure ne peut réprimer. Qu'aucune loi ne peut interdire. Qu'aucun tribunal ne peut condamner. Parce que mythomaniaque! C'est-à-dire qu'elle grossit un fait à tel point qu'il devient – en soi – une mythologie politique. Donc en fin de compte quelque chose qui assume sa propre gravité au sens géophysique du terme, qui se transforme en subversion. Nous retrouvons là ce que disait Picasso quand il parlait de la peinture comme « un pouvoir à usurper, comme une nature à déplacer ».

Lettres algériennes

Grâce à la mythomanie française, l'écrivain que je suis devenu en publiant mon premier roman en France peut – enfin – avoir la conviction qu'en traitant les représentations collectives comme des signes fascinants, il devient subversif, insolent, sort de la dénonciation pieuse et rend compte en détail et d'une façon inhabituelle de la mystification qui transforme la vie en un destin à la fois fabuleux et pitoyable. A ce moment-là, la mythomanie, en tant que support artistique ou phénomène sociopolitique servant d'une façon précieuse la transgression, peut devenir le lieu de la créativité où peut se jouer – à cette étape de l'histoire sociale du monde – une certaine libération du talent des hommes.

A cette époque j'avais vingt ans, toutes mes illusions et aucune rancune vis-à-vis du peuple français parce que j'avais lu Aragon et ce qu'il disait sur le peuple allemand. Je sortais d'une terrible guerre de sept ans et je dévorais Roland Barthes, Jean Genet, Michel Foucault et *Tombeau pour 500 000 soldats* de Pierre Guyotat. Ceci pour comprendre comment un peuple opprimé peut en opprimer un autre. Je les lisais avec la ferveur d'un adolescent traumatisé tant par sa propre famille que par sa propre histoire politique.

Lettres algériennes

Barthes me donnait beaucoup de clés pour comprendre le noyau dur de la mythologie collective française et je l'appréciais d'autant plus qu'il était haï par les journalistes bien-pensants, tel un certain P. Henri Simon qui sévissait dans les colonnes d'un grand journal du soir, comme un cerbère réactionnaire et limité. Qui se souvient de lui aujourd'hui? Mais Barthes est là ancré dans cette intelligence de la modernité qui lui avait valu la haine de la gent académique et la persécution des médiocres.

Ainsi donc, j'appris que la mythomanie en tant que passion du mythe lucide, sagace et même astucieux, tant sur plan culturel et artistique que sur le plan social, historique et donc politique, a bien lieu et mérite bien d'être défendue.

En effet pour moi le mythe est une forme de langage. Il s'exprime d'une façon imagée comme dans l'art, ou codée comme dans la politique. Il s'enrobe et enrobe le monde dans l'allusif et l'excessif. Mais il est avant tout expression éclatante, étincelante et démystificatrice, face à l'idéologie sociale dominante qui se drape très vite de vertus morales qu'elle n'a souvent pas ou qu'elle trahit très rapidement d'une façon allègre qui frise l'inconscience.

Lettres algériennes

La France, pour moi, est toute là. Frémissante et somptueusement prise en tenailles entre Picasso et Barthes, ces énormes mythomaniaques ou mythologistes, selon!

En un mot la mythomanie dont j'ai découvert le vrai sens, en France, est toujours un point de départ vers quelque sublimation introuvable ou... impossible.

C'est parce qu'elle a du génie que cette France-là se cherche et se recherche sans cesse; qu'elle est... introuvable dans le sens fécond du terme.

Lettre 16

L'hégémonie coloniale n'épargne rien et rien ne lui échappe. Pas même la littérature! Depuis toujours, et pendant longtemps encore, la littérature non occidentale a été et sera considérée comme une production sociologique, documentaire et ethnographique. C'est-à-dire comme un reflet complaisant et amusant des sociétés dont elle émane. En un mot, ce qui n'est pas occidental renvoie à l'exotique. Et cette perception française de la production littéraire est normale.

Parce que celui qui domine impose son point de vue. Et celui qui est dominé ne fait pas le poids. Pour cela, il n'est pas pris au sérieux et son art reste quelque chose de particulier, de typique et de localement enfermé dans le rétrécissement, l'étroitesse et l'étranglement de sa propre sphère qui ne dépasse pas l'anecdotique, le coin de brousse, le bout de pays ou le bégaiement de langue.

Cela est vrai pour cette frange de la littérature hors France (comme on dit hors contexte) qui est souvent récupérée comme une sorte d'artisanat typique ou de couleur locale, une sorte d'ethnologie à livre ouvert, une sorte d'anthropologie à l'aspect romancé. Cette situation peut être résumée dans le rapport terriblement pathétique qui existe entre ce qu'on appelle le développement et ce qu'on appelle le sous-développement.

C'est pourquoi le problème est essentiellement politique. Car il n'y a pas de littérature hors contexte. En dehors de l'analyse politique. Comme il y a un rapport réel de dominant à dominé, il est normal que la littérature du dominé soit laissée pour compte, quelque part même méprisée. Cette situation qui nous est faite est souvent injuste et injustifiée. Parfois, cependant, nous la méritons!

Certains écrivains algériens – entre autres et par exemple – des années 50 y ont largement contribué. Ils ont fait dans l'image Fatma-palmier-ciel-bleu-femme-à-la-fontaine!... Ils

Lettres algériennes

ont voulu fasciner l'autre par ce qu'il y avait de plus exotique et donc de superflu, superficiel, artificiel, dépourvu de toute profondeur et de toute métaphysique. Ils ont voulu donner à l'autre une image qu'il avait emmagasinée une fois pour toutes et lui faire plaisir; car une autre image non caricaturale ne pouvait que le choquer, l'agresser et lui faire peur.

Jeune lecteur de mes aînés maghrébins, je me suis rebellé contre cette humiliation inutile, contre cette médiocrité qui balayait l'Afrique du Nord d'est en ouest. J'ai ressenti cette façon de faire la littérature maghrébine comme une usurpation parfois, une trahison même. D'autant plus qu'on était loin des loukoums suaves qui imprégnaient les pages de certains livres. Nous vivions l'enfer, plutôt.

En fait, sans enracinement profond, il n'y a pas d'universalité et une certaine France, plutôt officielle, plutôt bureaucratique, a vite fait de nous modeler un faciès littéraire facile à digérer. De là résulte – aussi – son mépris. Son refus de considérer notre littérature comme une production artistique qui porte en elle sa propre part du monde, sa propre souffrance et sa propre métaphysique. Qui fait partie intégrante de ce monde.

Lettres algériennes

L'exotisme est né du réalisme. Un réalisme qui a trop collé à la réalité immédiate sans savoir que toute réalité passe nécessairement par notre pensée qui la restitue ensuite d'une façon nécessairement différente. Mais l'enracinement, l'importance de la vision du monde que porte l'écrivain, l'interférence sur elle de sa part « pathologique », obsessive et très particulière, tout cela donne à la littérature son universalité! Il y a quinze siècles, des écrivains arabes tels cet Abou El Ala El Maari, le génial écrivain de *L'Épître du pardon* qui était aveugle et dont Dante s'est beaucoup imprégné en écrivant *La Divine Comédie*, ou Bachar Ibn Bourd qui l'était aussi. Ainsi que Taha Hussein qui a révolutionné la prose arabe du XXe siècle. Ils n'ont rien vu. Ils ont tout perçu! Antérieurs à eux, Apulée et saint Augustin, les Algériens, ont prouvé ce qu'écrire veut dire. C'est là que réside la différence entre ce qui est authentique et intérieur et ce qui est clinquant et extérieur.

Ainsi donc, un certain nombre d'écrivains autochtones ont aidé la conscience française à nous percevoir à sa manière. Ils l'ont réconfortée! Confortée. Lui ont donné bonne conscience. L'exotisme et le culte des apparences ne sont pas payants; parce qu'une telle

Lettres algériennes

expression du monde s'oppose à son impression dans une conscience donnée. Elle place le monde à la périphérie. La France qui nous a donné de si grands textes fondateurs en a pris acte parce qu'une telle littérature ne porte pas en elle le refus, le défi, les bouleversements que l'on s'attend à voir dans tout texte littéraire.

Mon professeur de grec m'avait appris que Sophocle, déjà, considérait « l'efficacité du texte à la mesure de son insolence ». Et la littérature arabe contemporaine en a longtemps et cruellement manqué parce que tel était le bon vouloir du censeur autochtone post- ou précolonial qui craignait que la littérature ne déborde le monde, les tabous et – surtout – sa puissance et sa mainmise.

Une certaine France a donc relégué notre littérature à une sorte de production à la fois puérile et amusante dans laquelle on peut puiser des renseignements qu'on ne trouve pas toujours dans les rapports de police... Au début des années 50, les quelques romans de Taha Hussein et de Tewfik El Hakim ont été traduits en France, et publiés dans une collection ethnologique !

Ce n'est pas un hasard. Car derrière il y a toujours cette interrogation non formulée :

Lettres algériennes

Est-ce que ces gens peuvent vraiment écrire des romans ? à la rigueur ils peuvent témoigner, nous montrer leur folklore... ; il y a toujours ce soupçon colonial qui infecte – bénéfiquement – tous les rapports que nous avons avec l'ancienne puissance coloniale, jusqu'à ce qu'un jour la conscience malheureuse dont parle Jean-Paul Sartre se transforme en conscience coupable et critique vis-à-vis d'elle-même. A ce moment, notre littérature sera perçue comme une littérature. Seulement une littérature. Rien qu'une littérature ! Et elle se passera alors de ses chimpanzés !

Lettre 17

On peut comprendre beaucoup de choses en lisant l'histoire des rapports entre l'Orient et l'Occident, le Nord et le Sud. Notamment à travers la colonisation de l'Algérie, qui est aussi celle de l'Afrique du Nord, du fait qu'il est implicite que cette partie du monde fonctionne de manière assez homogène. Il me semble que l'on peut voir comment, par la non-connaissance ou le mépris, on a pu faire émerger des pulsions politiques, culturelles, parfois criminelles ou fantasmatiques, qui expliquent pour partie la situation où se trouve l'Algérie actuellement.

On peut y lire une des causes qui n'est ni la seule, ni la principale, de cette situation. Je pense d'abord au problème identitaire, ensuite au problème culturel qui se lie au problème linguistique. S'ils se rattachent les uns aux autres, il existe néanmoins des différences de l'un à l'autre. Il est clair que depuis le début de l'indépendance de l'Algérie, les problèmes identitaires ont été malmenés par le pouvoir en place.

Parfois involontairement dans l'euphorie de l'indépendance, parfois de manière consciente et cynique. A ce moment-là, on retrouvait une Algérie fondamentalement divisée en identités, en cultures, en langues différentes, que le pouvoir officiel allait ignorer ou même réprimer.

Étudiant, en 1962, ces problèmes me semblaient secondaires. Ce n'est qu'avec le temps et l'expérience que nous, intellectuels, avons compris que nous nous étions trompés. Nous n'avions pas compris et pas eu l'intuition profonde de la réalité de ces problèmes. Et je m'inclus dans ce désastre, car nous n'avons pas su dire les choses clairement. Nous avons laissé une brèche ouverte à l'intégrisme, à l'horreur meurtrière, à un fanatisme extrêmement hypocrite, organisé et structuré pour tromper ces jeunes à qui nous n'avions pas su parler.

Pour nous, l'arabe était la langue nationale, relationnelle du peuple algérien. C'était aussi, fondamentalement, la langue du Texte, la langue du Coran, la langue du sacré. Il était donc important que cette langue retrouvât son rôle. Il me semblait qu'il fallait absolument donner à l'Algérie un moyen de communication national, une langue capable d'exprimer tout particulièrement la politique, l'art, la science, le social. L'arabe avait ces compétences-là. Mais pour des raisons identitaires, des divergences sont immédiatement apparues. Certains décrétèrent que l'arabe n'était pas une langue moderne, d'autres, au contraire, qu'elle l'était. Cette polémique occupa des années durant les discussions des philosophes et des sociologues.

Derrière ces débats, se cachait une recherche, une demande d'identité qui allait au-delà du problème de la langue arabe, mais concernait aussi la berbérité. Les différents aspects berbères de l'Algérie que le pouvoir, pour des raisons politiques, allait négliger, puis réprimer durement. Par ailleurs les berbéristes ou les berbérophones ne considéraient pas l'arabe comme leur langue maternelle, bien que l'arabe figurât comme la langue du Texte (du Coran) : les enfants qui avaient l'habitude de parler le berbère avec leurs parents les entendaient employer l'arabe quand ils prenaient une attitude religieuse, par exemple faire la prière, réciter des versets coraniques.

Il n'y eut aucun essai de clarification de cette contradiction, ni du côté du politique et du pouvoir ni de la part des élites. Ce qui nous ramène à ce mépris de l'autre, au fait que pendant la colonisation, l'arabe, interdit d'enseignement, avait subi de ce fait beaucoup de dommages. Ce fut là, à mon sens, le vrai problème, le point de départ de la fissure. Même si je crois que trente années d'indépendance auraient dû suffire à guérir toutes les blessures.

La réalité coloniale a très gravement bouleversé le phénomène identitaire en Algérie, tant du point de vue de la langue arabe, écrite et parlée, que de la langue berbère. Toutes les deux furent totalement marginalisées. A l'indépendance, ces dysfonctionnements n'ont pas été traités de manière clairvoyante ni courageuse. On a beaucoup parlé des dégâts causés par le colonialisme à la langue arabe, mais pas comment on allait récupérer ce qui avait été détruit. Et on oublia le berbère. Alors qu'il me semble, aujourd'hui, que l'identité algérienne ne peut exister en dehors de l'arabe et du berbère. Les deux. L'harmonie de l'Algérie en dépend.

Lettres algériennes

D'un point de vue culturel, cela a donné l'émergence d'une littérature francophone. Mais il y a toujours eu, malgré le mépris, presque clandestinement d'abord, officiellement ensuite, une littérature arabophone de très grande valeur. Nous avons trouvé à l'indépendance des scénarios complètement antagonistes. L'État a décidé d'arabiser de manière bureaucratique, systématique. Mais ceux qui ont été en charge de cette tâche étaient francophones, et il me semble qu'on ne pouvait pas mettre en place une arabisation, organiser un enseignement de l'arabe, sans être vraiment de l'intérieur et aimer passionnément cette langue.

Le mépris de la langue arabe continuait en se greffant sur une réalité politique et sociale, sur les problèmes identitaires. Et ceux qui sortaient des universités avec des diplômes en langue arabe ne trouvèrent pas de travail. Ce fut la continuation du mépris colonial par nous-mêmes. Paradoxalement le pouvoir politique, le FLN étaient arabophones alors que l'État, la bureaucratie étaient francophones. Cela a créé des problèmes, une dyslexie sociale, que nous voyons aujourd'hui prendre la forme de la violence.

On pourrait parler aussi de la culture arabe

et berbère qui se manifeste par la littérature, par le chant, par le cinéma, par le théâtre. Le théâtre a toujours été, sauf tentative néocoloniale, d'expression arabe, et, le plus souvent, il a emprunté la langue populaire ou parlée. De plus nous avons des écrivains arabophones de très grande qualité en Algérie, des romanciers, des poètes. Mais ceux-ci ne sont pas reconnus à leur juste valeur, et restent complètement inconnus à l'étranger.

C'est là la poursuite, aujourd'hui, d'un impérialisme culturel. Si un écrivain algérien ne passe pas par Paris, il ne sera jamais lu ailleurs. Celui-ci ressentira la frustration qu'ont ressentie les diplômés arabophones qui ne pouvaient en aucun cas accéder aux responsabilités administratives ou étatiques dans l'Algérie indépendante.

On croit, sous l'effet du populisme ambiant sécrété par les médias français, que tous les jeunes terroristes intégristes sont chômeurs ou viennent de milieux populaires, ce qui est absolument faux. On compte de nombreux diplômés parmi eux. Aujourd'hui en Algérie, ce sont des intellectuels qui assassinent d'autres intellectuels. Des écrivains comme Djaout ou le metteur en scène Alloula ont été assassinés par

Lettres algériennes

des médecins, des étudiants en chimie. Il faut lever le voile sur l'idée que l'intégrisme est forcément populiste ou automatiquement populaire. Nous savons maintenant que la plupart de ses victimes sont des citoyens de condition très modeste. Comme nous savons que les grands prédateurs du FLN, les corrompus et les milliardaires sont épargnés volontairement.

Le rapport entre la langue arabe et la langue française a été biaisé par ce qu'on appelle la francophonie. Le français dans lequel j'écris est une chose alors que la francophonie en est une autre : une philosophie politique. Essentiellement, un système idéologique, parfois pervers, souvent écrasant pour des structures identitaires fragiles. Que signifie la francophonie dans un pays comme l'Algérie où, en ce moment, une dizaine de millions de personnes apprennent le français, alors qu'il n'y en avait que quelques milliers durant la période coloniale?

Le choix d'écrire, à un moment donné, en arabe a été une attitude personnelle, peut-être sentimentale vis-à-vis de ma langue maternelle. En tout cas, quand cela arriva, je fus attaqué aussi bien par les francophones algériens que par ceux que j'appellerai les « francophones français ». Lorsqu'on a voulu mépriser l'arabe, la conséquence a été un retour vers le Coran, vers la langue du Texte, celle du sacré, puis vers l'intégrisme. On en est maintenant revenu à une langue archaïque, qui n'a rien à voir avec celle que j'écris personnellement ou celle qui s'écrit dans les journaux, au Caire, à Alger ou à Damas.

Dans l'autre sens, à partir du moment où il y a un rejet de la littérature arabophone, on a assisté, en retour, de la part des lecteurs potentiels, à un rejet de l'expression française. Il s'est créé une sorte de guerre. Une situation d'impasse. Je sais maintenant qu'il faut plus de trente années d'indépendance pour régler ce problème de la langue centrale.

Dans mon premier roman publié en 1969, je disais déjà que le peuple algérien avait besoin d'une psychanalyse, d'une thérapie, pour que nous puissions enfin exprimer le non-dit, c'est-à-dire nous-mêmes.

Lettre 18

Parler des blessures du monde a toujours quelque chose d'indécent dans la bouche d'un intellectuel. Parce que là où il perd sa salive et son encre, les malchanceux de la planète perdent leur moelle et leur sang. Ce qui n'est pas du même ordre! La violence de l'actualité politique, certains jours, assenée à coups de manchettes (de machettes!) et d'images, fait tellement mal que l'on se décide, quelque peu lâchement, à tomber dans cette indécence qui consiste à vouloir cicatriser les plaies et les blessures des autres, avec des mots en papier journal.

Franchement, la gueule d'un homme politique français au sourire hollywoodien et à la mâchoire carnassière, qui de surcroît a été chargé d'administrer les droits de l'homme, a de quoi faire rugir. Cet homme est par-ci par-là, avec dans sa poche deux navires militaires français pour le protéger au cas où il viendrait à souffrir de quelques bobos.

Ces simulacres de boy-scouts sont intolérables dans la mesure où on occulte les causes qui ont de si terribles effets : les guerres, les génocides, les famines, les fléaux naturels, les catastrophes surnaturelles, etc. On se prend à rêver que le monde, un jour, trouve ce ressort, cet élan vital et ce réflexe de vie si nécessaires à sa survie, à sa dignité. Il nous faut comprendre que nous sommes condamnés à vivre ensemble et que nos différences, qui m'ont toujours émerveillé chaque fois que je visitais des pays lointains, sont une richesse unique de l'humanité.

Par exemple : le Liban a fait la guerre à lui-même pendant dix-neuf ans! Pour rien... Que c'était beau la messe dite en arabe dans les églises de Beyrouth dans les années 70! Avant que ce Liban n'entre dans cette folie suicidaire qui n'a servi à rien. J'ai toujours été fasciné par la cohabitation dans ce pays de plusieurs religions et de dix-sept rites. J'ai toujours été fasciné par cette devanture de la culture arabe qu'était le Beyrouth de l'époque. Écraser Beyrouth, c'était fouler aux pieds cette culture arabe, cette civilisation arabe multiple, dense, multicéphale, prosélytique. Envahir Beyrouth, c'était réinstaller un gendarme dans le seul cœur vivant multiple et démocratique du monde arabe.

Malgré cette guerre si longue le Liban n'est pas mort. Et on n'en parle plus. Tant mieux pour lui! C'est pourquoi on a changé de disque. De temps en temps, quelque fossoyeur étranger camouflé – comme c'est le cas de certains cerbères des droits de l'homme – sous des dehors très séducteurs et très nonchalants vient faire un tour, renifler les cadavres, touiller les plaies et les blessures, évaluer les brisures et les cassures, dans une de ces dizaines de guerre qui dévastent le monde.

A l'époque du Liban, c'était pareil. Mais qu'a-t-on fait pour lui? On a juste encensé et décoré ses nouveaux colonisateurs tant israéliens que syriens. Idem pour le reste : Bosnie, Rwanda, Algérie, Arménie, Yémen, Ouzbékistan, etc. En vrac... Mais on a oublié l'Afghanistan qu'on a aidé soi-disant à se libérer du joug des soviétiques et qui continue une guerre civile et religieuse qui a déjà fait beaucoup plus de victimes en quatre ans que durant la guerre elle-même qui a duré plus de dix ans.

Il y a dans la démarche de certains play-boys des droits de l'homme un relent de croisade, un brin de naïveté et une tonne de malice. Beaucoup de morgue, de duplicité et de fanatisme. Quelques tours de passe-passe et pas mal de poudre grossière aux yeux. Et surtout de gros moyens militaires (ou humanitaires) chargés de quelque chose de pire que de la dynamite, des explosifs et des munitions pour faire sauter ce qui reste du monde. C'est-à-dire plus grand-chose. Mais là où les Américains font les choses clairement et carrément, les Français ont toujours besoin d'arguments retors et gênés pour mieux faire passer la mort.

Toujours besoin d'encens pour mieux célébrer les massacres et désirer ardemment qu'après coup, on les encense avec leurs propres encensoirs. D'ailleurs certaines gazettes françaises et impénitentes ne cachent pas leurs vrais sentiments : le temps des croisades n'est pas révolu ! Le monde reste à civiliser ! La France mère patrie de l'humanité et père fouettard de l'univers ne va pas rester les mains croisées devant les éléments de l'histoire universelle qui l'interpelle !

Lettres algériennes

Il est temps de mettre fin à ces pratiques narcissiques qui nécessitent de grandes mises en scène coûteuses. Don Juan en pavane sur les lieux où se déroulent des guerres terrifiantes pour quelques minutes, le temps de placer les caméras et de tirer des gros plans très soucieux de photogénie. Après, on reprend l'hélicoptère et on laisse les copains sur place. Ceux-là mêmes qui font le vrai boulot et dont personne ne parle. Peut-être parce que pas assez photogéniques, justement!

J'ignore si ces incurables de la caméra française et ces forcenés des droits de l'homme savent par exemple que l'émir Abdelkader avait – il y a un siècle – sauvé les chrétiens du Liban du joug des Ottomans fanatisés. C'était un seigneur qu'on a – en vain – voulu humilier. A la façon d'un homme qui sait ce qu'est le droit des hommes à la liberté, puisque la France coloniale l'en avait dépouillé.

Lettre 19

Il est clair que la vision française globale de la Révolution de 1789 me fait sourire. La manière dont on a célébré son deux centième anniversaire, trop bruyante, clinquante et dépensière, en dit long sur les non-dits la concernant. Il y a un malaise et il y en aura toujours tant que dans la mentalité générale on ne fait pas la part des choses. Trop idéaliste et trop beau pour être vrai et honnête. Le regard que les Français posent sur leur révolution n'est pas transparent.

Trois éléments sont occultés par les manuels scolaires, l'histoire officielle et l'opinion publique en général. D'abord le côté sanglant, terrifiant et inhumain qui a été édulcoré ou arrangé selon les périodes et les régimes politiques qui se sont succédé en France de 1789 à nos jours et dont le pendant mirifique, la Déclaration des droits de l'homme et du citoyen, a surtout servi à gommer ou à faire oublier l'horreur et la terreur sanglantes et parfois sanguinaires de ce gigantesque règlement de comptes national, de ce carnage et de cette boucherie inouïs et inadmissibles.

Ensuite les conséquences désastreuses de cette révolution qui allait être récupérée, dévoyée et pervertie par les Bonaparte durant un petit siècle qui fera trembler le monde sous la botte impérialiste française. Le monde allait être baratté, écrasé et pillé au nom de cette Déclaration des droits de l'homme et du citoyen que 1789 avait proclamée comme une libération de l'humanité tout entière.

Enfin, le fait qu'il ait fallu attendre près d'un siècle pour voir enfin s'installer la vraie République française telle qu'elle a été conçue, imaginée et préconisée par la Déclaration de 1789 qui mettait fin ou plutôt croyait mettre fin à la monarchie héréditaire et de droit divin. Il aura fallu le retour de plusieurs monarchies, de deux empires et de deux républiques mort-nées pour accéder à cette Troisième République, la troisième! qui s'est épanouie à

Lettres algériennes

l'ombre de l'effroyable Première Guerre mondiale.

Mais dans l'intervalle que de génocides, de guerres civiles, de guerres religieuses et de désastres humains ont été accouchés par cette révolution dont les principes fondamentaux ont été bafoués du début à la fin, parce que ni l'égalité, ni la liberté, ni la fraternité n'ont jamais été réalisées en France et qu'elles sont restées une formule pour frontons d'écoles primaires et de mairies. Jamais la devise de Robespierre n'a été aussi bafouée qu'en cette fin de XXe siècle qui voit la France riche, développée et douée s'installer tranquillement dans la pauvreté d'une bonne partie de ses citoyens.

Il est clair que toute révolution est condamnée à se dévorer de l'intérieur et à se faire dévorer de l'extérieur, mais le sort à la fois tragique et loufoque de la Révolution française est d'autant plus inacceptable qu'elle a été la première dans le monde à proclamer théoriquement de si belles aspirations humanistes. Deux siècles presque pour rien, dans la mesure où jamais la censure sociale et la détresse morale n'ont été aussi profondément installées que dans la France d'aujourd'hui. Et cela est révoltant et humiliant à la fois.

Lettres algériennes

Pas seulement pour les Français, mais pour les humanistes et les utopistes du monde entier. D'autant plus que le monde contemporain a basculé dans la régression pour plusieurs décennies avec l'installation de guerres de toutes sortes : guerres traditionnelles, guerres civiles, guerres religieuses, guerres ethniques. Avec l'installation des décadences de toutes sortes : décadences sociales, décadences morales, décadences spirituelles. Avec l'installation des misères de toutes sortes : misères des famines endémiques, misères des maladies endémiques, misères des exclusions endémiques.

Si la vision globale de la Révolution française par les Français nous fait sourire c'est parce qu'avec le recul et la distance nous voyons bien, nous les maudits de la terre, les foutus de l'histoire, les floués de l'économie et du développement, qu'il y a un aspect chauvin d'autant plus dérangeant que nous l'aimons cette Révolution de 1789. Parce qu'en France l'idéologie dominante méprise toutes les autres révolutions. Que ne grossit-on pas les excès sanglants de la révolution bolchevique par exemple ! Que ne la dénonce-t-on pas comme quelque chose, à peine quelque chose ! de sanglant, d'odieux, de sale et d'inhumain.

Lettres algériennes

Des révolutions, l'histoire de l'humanité en a connu! Elles se ressemblent toutes comme deux gouttes de sang. Elles ont toutes été dévoyées par les grands prédateurs, les grands opportunistes, les grands argentiers et les grandes lâchetés humaines. Elles ont toutes échoué lamentablement. Mais il me semble que les Français n'ont pas le droit de montrer du doigt les autres bouleversements de l'histoire, ni de leur cracher au visage, parce qu'ils sont mal placés pour donner des leçons du fait d'avoir été, peut-être, les plus grands révolutionnaires de l'histoire, avec ce que cela suppose d'excès, et de tolérance aussi!

Certes, des historiens français lucides ont décortiqué sans complaisance la Révolution de 1789 et lorsqu'ils analysent les autres révolutions ils savent se parer de l'objectivité nécessaire pour ne pas ricaner, ne pas insulter la mémoire des autres, ne pas piétiner les plaies du monde, ne pas blasphémer contre l'avenir. En effet, la Révolution française porte en elle tous les gènes qui vont donner naissance à d'autres révolutions dans le monde entier. Parfois on ne fait que l'imiter dans ses excès, ses turbulences et ses saloperies mais aussi dans ses tolérances, ses élans de générosité et ses tendresses.

Lettres algériennes

Il n'en reste pas moins que de l'extérieur on a cette impression de malaise et de colère quand on voit comment on s'édulcore soi-même et comment on souille l'autre ; comment on se sublime soi-même et on diabolise l'autre. A tel point que la Déclaration des droits de l'homme et la devise fraternelle de 1789 me semblent suspectes dès que je les entends dans la bouche d'un homme politique ou d'un homme public français.

Parce que derrière cette logorrhée humaniste ou humanitaire il y a tant de sang versé, tant de génocides perpétrés, tant de narcissismes déversés et tant de colonialismes, de silences, de mensonges et de hurlements que l'on se prend à n'avoir pitié ni de Robespierre ni de Marat ni de Danton ni des autres. C'est là que toutes les révolutions se valent et que toutes les révolutions sont de simples imitations les unes des autres.

Car au fond qu'est-ce qu'une révolution sinon une tentation pathétique de mettre les hommes dans l'histoire. Et c'est souvent très pitoyable. Presque insolite.

C'est pour cela que nous éprouvons le besoin de dire ses vérités à la Révolution française.

Elle nous fascine tellement !

Lettre 20

Mon père était très nationaliste et je suis né dans un milieu anticolonialiste exacerbé. Par réaction, le mouvement national algérien a été proallemand dans les années 1910-1920 et pronazi dans les années 30-40. On avait même surnommé Guillaume II de Prusse « Hadj » Guillaume et pendant toute ma petite enfance j'ai cru qu'il s'agissait d'un authentique prince algérien. Ceci pour dire l'hostilité des nationalistes de mon pays, à l'époque, pour tout ce qui était français.

La guerre de 14-18, le carnage de Verdun, la guerre 39-45 et l'écrasement de l'armée française par l'armée allemande ont été célébrés dans la joie par mon père et ses amis. C'était de bonne guerre. Mon père avait passé une dizaine

Lettres algériennes

d'années dans les bagnes français d'Algérie et d'ailleurs. Il prenait ainsi sa revanche sur le mépris, l'humiliation et la répression féroce et sanglante que le colonialisme faisait subir à ce pays affamé, désidentifié, désintégré.

Mais, ceci dit et avec l'âge, j'ai commencé à apprécier la Résistance française par ricochet et par réaction. C'est-à-dire par haine de deux choses : d'abord la barbarie du nazisme et la passivité des peuples, ensuite. Très jeune je compris que le moteur de l'histoire ne tournait parfois dans le bon sens que grâce à une infime minorité de gens capables d'aller jusqu'au bout d'eux-mêmes, de leur peur, de leur lâcheté et de leurs convictions. Que les bourreaux étaient partout et souvent à l'intérieur de nous-mêmes. Que le monde n'était pas divisé en pays, nations ou tribus mais entre des hommes honnêtes et utopistes et des hommes malhonnêtes et cyniques.

Si pendant la guerre d'Algérie beaucoup d'hommes honnêtes ont dit leur dégoût du massacre colonial et leur solidarité avec les Algériens, cela suffisait amplement pour qu'à l'âge de raison, je comprisse la lutte des Français libres qui avaient résisté à cette atroce idéologie nazie expansionniste, raciste, xénophobe

Lettres algériennes

et barbare qui a pratiqué l'extermination des juifs, des résistants et des communistes à l'échelle de l'holocauste. J'étais d'autant plus antinazi à dix ans et j'ai si bien compris l'ampleur du désastre que j'avais plein de petits camarades juifs, tziganes ou dont les parents étaient des communistes pieds-noirs.

C'est par cette voie-là que l'on rentre dans les dédales de l'histoire et que l'on se met à admirer la résistance de cette minorité de Français même si la France coloniale et officielle m'était odieuse. J'eus la force de convaincre mon père, en pleine guerre d'Algérie, qu'il n'y avait rien à voir entre l'État officiel français et les gens (je ne dis pas le peuple) de France. Car très tôt, je compris qu'il y a une différence, une nuance entre le mot : peuple et le mot : gens. Je préfère les gens, les individus, les êtres aux peuples dont la nature collective, grégaire, floue et acariâtre me rend méfiant.

Ce qui me déconcerte aujourd'hui c'est ce ventre mou de la France qui laisse faire et dire ceux qui minimisent la Résistance, nient l'holocauste, relativisent l'extermination et justifient en fin de compte la barbarie nazie. Je me sens profondément meurtri dans ma chair, profondément blessé dans mon être, parce que toute cause humaine m'ébranle, parce que l'humain me concerne. Comment peut-on accepter aujourd'hui sous la fallacieuse et, en fin de compte, criminelle liberté d'expression que des crapules saccagent à nouveau l'histoire de la Résistance française, la souillent ou pire! en appellent à la négation, à l'oubli et au pardon.

Je suis toujours terriblement choqué de voir que des criminels de guerre nazis ont pu couler des jours heureux tant en Allemagne qu'à l'extérieur de l'Allemagne, grâce à la complicité, au cynisme et à l'opportunisme de la France officielle elle-même et de ses alliés américains qui ont fait de Barbie et d'Eichmann des espions, recrutés, protégés et grassement payés par la CIA pendant cinquante ans. Et ils sont légion! Je suis choqué profondément quand je sais que certains collaborateurs français de haut rang mais de bas étage ont occupé des postes très élevés dans l'administration française après la Libération, au vu et au su de beaucoup de gens.

J'ai pu parfois détester de Gaulle mais je me rends compte, aujourd'hui, qu'il a été aussi bien un grand patriote français qu'un homme d'État d'envergure historique. Un vrai destin national, à lui tout seul. Quelqu'un qui a pas-

Lettres algériennes

sionnément aimé une certaine idée de la France, si rare, hélas! et qui s'est trouvé tout seul à Londres à ferrailler contre un État collabo et un pays confiné dans sa lâcheté et sa petitesse, confit par ses peurs et ses mesquineries. Et l'un des aspects du génie de De Gaulle c'est qu'il a été l'admirateur et l'ami de Malraux, cet immense talent, cet énorme génie qui ne s'est pas payé de mots, au contraire de certains écrivains d'importance mais qui ont fait le dos rond pendant l'occupation allemande.

J'ai aimé et j'aime Céline mais je ne peux pas lui pardonner cette saloperie qu'est *Bagatelle pour un massacre*, livre que j'ai déchiré à l'âge de quinze ans, de rage et de déception sans jamais l'avoir terminé. Dès les premières pages, je fus pris de nausée et de larmes. Quel gâchis Louis-Ferdinand!

C'est parce que le mal n'a pas été extirpé à la Libération qu'aujourd'hui les relents du nazisme tendent à s'élever dans l'atmosphère française. Mais peut-on éradiquer le mal humain? La bêtise humaine? La cruauté humaine? Certainement pas. C'est pourquoi je pense de plus en plus que l'humanité est encore dans sa préhistoire. Et toutes les larmes des victimes, tous les cris des enfants, toutes les supplications des femmes ne pourront jamais noyer l'horreur.

C'est pourquoi j'ai l'impression que la France a plus que jamais besoin d'utopie. C'est ce qui lui manque cruellement.

De Gaulle, en avait lui! Et Mendès France aussi! mais de tels chefs d'État sont devenus introuvables en France comme ailleurs.

Lettre 21

C'est quand je prends le TGV ou que je le vois arriver que j'aime passionnément la France! Cette exactitude, cette précision et cette mécanique fabuleuse me réconcilient avec elle. Le TGV me rend envieux aussi. Jaloux comme une teigne. Parce que je pense à l'état des trains algériens ou de n'importe quel pays du Tiers Monde. A vingt ans, j'avais traversé l'Asie de bout en bout dans un train en bois, rudimentaire, inconfortable et folklorique plus que de mesure. J'y avais trouvé beaucoup de plaisir et une émotion formidable. Je suis toujours nostalgique de cette traversée asiatique.

Mais, pour moi, le TGV représente cette capacité de l'homme français à transcender l'espace et le temps. Ce n'est pas comme

Lettres algériennes

l'avion. Lui il vole. Il est dans les nuages ou au-dessus. Par contre, le TGV a les rails sur terre. Il est collectif. J'aime cette publicité de la SNCF : « *Le plaisir n'est jamais aussi grand que lorsqu'il est pris en commun.* » Mes vieilles tendances ataviques pour le partage y trouvent leur satisfaction. Obsédé par le temps, la ponctualité et la rigueur, j'ai trouvé là une raison de m'émerveiller.

Cela fait partie du raffinement français. Comme la mode, les parfums ou les vins. C'est à cela qu'on reconnaît la force tranquille d'un pays, son intelligence, sa finesse et sa courtoisie parce que le TGV est par essence et par définition... courtois! dans la mesure où il est à l'heure, où il abrège le temps et raccourcit l'espace et où il rend les gens à la fois disciplinés, civilisés et respectueux des autres, du confort des autres, de leur bien-être. Ce train qui peut atteindre une vitesse de 350 km/h, quel bonheur!

Chaque fois que je le prends, je pense aux grappes humaines agglutinées jusque sur le toit des trains poussifs et crasseux de Dacca, de Calcutta ou du Caire et cela me révolte parce qu'il me semble qu'une telle technologie avancée doit être partagée par tout le monde et être à la

Lettres algériennes

portée de toute l'humanité. Mais cela, c'est le rêve, c'est l'utopie indécrottable, c'est la passion de vouloir mettre l'humanité entière sur ses rails et dans ses marques, tout simplement humaines, sans plus.

Enfant je prenais souvent le train pour aller de mon village natal sur les hauts plateaux de l'Est algérien vers Bougie située sur la côte est, pour y passer les vacances estivales. Cela durait une journée entière. On changeait trois fois de train, on transbordait péniblement les bagages et il nous arrivait de passer la nuit dans une salle de gare glaciale et minuscule parce que le train avait oublié de passer par là. Ma mère qui connaissait très bien ces sautes d'humeur et ces caprices ferroviaires ne semblait jamais énervée par tous ces changements, ces retards et ces attentes. Moi non plus d'ailleurs, mais j'avais l'âge qu'il fallait pour laisser faire les trains à leur guise. J'ai toujours encore aujourd'hui cette nostalgie des vieux trains algériens pas du tout pressés.

Avec le TGV c'est une sensation différente, a contrario, mais aussi forte, aussi terrienne et aussi fabuleuse parce qu'on a l'impression qu'il avance très lentement alors qu'en fait il va terriblement vite et c'est cette contradiction qui le rend fascinant. Car ce genre de train est souple et agile dans sa foudroyante vitesse potentielle, incompréhensible et effroyable parce qu'elle donne l'impression apparente d'une immobilité perfide qui apporte cette délicieuse sensation d'effroi comme quand on regarde un film d'Hitchcock bien installé, bien rivé à son fauteuil.

Le TGV n'est qu'un exemple à la fois enfantin et impeccable de cette fabuleuse avancée de la technologie française. C'est un exemple sensible qui fait rêver tout le monde, mais il y a d'autres exemples moins palpables peut-être et qui font moins rêver. Des découvertes scientifiques prodigieuses qui se font dans l'anonymat des laboratoires et la discrétion des chercheurs. Telle la découverte du virus du sida par l'équipe dirigée par le professeur Montagnier, dans un temps record, alors qu'il a fallu des siècles pour trouver le virus de la peste, de la rage, de la tuberculose, de la syphilis ou du typhus.

Si la découverte du virus du sida a été quelque peu médiatisée à cause de l'attitude superstitieuse du grand public, les autres découvertes et les autres inventions restent confinées dans des cercles très petits, calfeutrés et très intimes

Lettres algériennes

parce que les chercheurs sont des gens discrets et modestes par nature et parce qu'il est impossible pour le commun des mortels de comprendre leurs explications ou leurs communications, parce que l'intelligence n'est pas porteuse comme les gesticulations télévisuelles de n'importe quel gogo dont le quotient intellectuel est incroyablement bas.

Les Prix Nobel français des sciences ou des arts sont étonnamment inconnus du grand public français. Il y a là quelque chose de fascinant dans cette ignorance ou ce mépris que l'on a pour l'intelligence. Elle fait peur. Demandez donc le nom du dernier Prix Nobel français de physique, de médecine ou de littérature à un passant dans la rue! Il n'en saura rien. Par contre il est au courant des moindres détails de la vie publique et privée de telle marionnette ou de tel guignol ou de tel politicard, ou de telle putain.

Il y a là une injustice et une indécence criminelles vis-à-vis de l'intelligence à l'état brut et à l'état pur dans cette France-là. Cela m'étonne et me fascine aussi parce qu'en tant que citoyen d'un pays du Tiers Monde, j'ai une telle admiration et un tel respect pour les chercheurs, les savants, les archéologues et les artistes français que j'ai l'air d'un snob lorsque je cite devant certains amis français le nom ou les travaux de tel ou tel découvreur. Souvent la réaction est hostile. On me prend pour un pédant maniéré qui veut en mettre plein la vue. Un bougnoule qui la ramène pour faire valoir son érudition. Un déphasé, quoi!

Quel que soit le domaine de la recherche scientifique, la France est à la pointe et cela n'a pas l'air de trop intéresser les Français qui peuvent perdre le sommeil pour l'orteil blessé d'un footballeur ou les chagrins d'amour d'une vedette de cinéma. Mais se préoccuper des savants, de leurs travaux, de leurs conditions de travail ou de leurs inquiétudes, cela ne se fait pas, monsieur!

Dommage! Cette haine de l'intelligence.

Mais au fait, quel est donc le nom de l'inventeur du TGV français?

Lettre 22

Il y a toujours quelque chose de grotesque et de burlesque dans le cérémonial protocolaire de tout chef d'État, quelle que soit la latitude. La France n'y échappe évidemment pas et elle manque parfois d'humour à ce sujet. Parce que pour moi les bébêtes-shows ou autres pitreries du genre manquent terriblement de finesse et de profondeur et n'ont rien à voir avec l'humour. Il y a dans ces émissions une fausse insolence qui confine à la flatterie et à la flagornerie. Mitterrand en grenouille verte qui croasse, c'est facile et ça fait soupape de sécurité, bouée de sauvetage et ça rend même sympathique la personne visée.

Reçu à l'Élysée avec d'autres écrivains au début des années 80, j'ai eu l'impression en ser-

Lettres algériennes

rant la main de François Mitterrand que j'avais touché une limace... Pas une grenouille!

Vu de l'autre côté du Tiers Monde, les prétentions impériales, les ors républicains et les simagrées présidentielles étonnent. Les prébendes, les copinages et les passe-droits choquent. Nous voyons tellement cela quotidiennement dans nos républiques démocratiques et populaires que l'on est surpris. Même si l'on sait par intuition ou expérience que le pouvoir pervertit, donne la grosse tête et gonfle celui qui le détient d'une façon démesurée et universelle!

Même si l'on sait que c'est la loi du genre. Mais le glissement parfois subtil, brutal d'autres fois de la république présidentielle à la monarchie présidentielle est assez inquiétant. Alors comment pouvons-nous, nous Algériens, faire pour régir correctement les mœurs du pouvoir politique, alors que nous n'avons aucune culture ni aucune tradition dans ce domaine.

Une certaine arrogance du président de la République vis-à-vis du peuple français choque dans la mesure où, pour un certain nombre de principes, la France a pu et peut être un modèle pour des pays en voie de démocratisation et en

Lettres algériennes

voie de développement. Les amnisties de droit divin, les chasses gardées, les châteaux mirobolants, les cadeaux princiers, les népotismes... filiaux, les suicides... amicaux, les attitudes vis-à-vis de la collaboration et de Vichy, les longs silences pleins de mépris et de suffisance nous irritent d'autant plus qu'en Algérie, c'est notre pain quotidien. Nous voyons s'effriter devant nos yeux éberlués les principes républicains, l'importance de la notion de Peuple de France et d'autres éléments constitutionnels de la chose publique.

Cela est désespérant!

Un autre aspect plutôt loufoque mais qui ternit le prestige de la grande France telle que nous nous l'imaginons dans nos mentalités confuses d'anciens colonisés, c'est ce côté strass, paillettes, pacotilles, cotillons, tapis rouge et flonflons, qui nous fait sourire ou rire jaune parce que cela ressemble tellement à toutes les coquetteries, les futilités et les subterfuges de nos propres dirigeants qui ont l'excuse de ne pas avoir de traditions, de ne pas connaître les convenances que l'on doit observer envers le peuple que l'on préside, d'être... des analphabètes politiques et irascibles.

Et voilà que les nostalgies coloniales et les

ors impériaux français remontent du fond de la bêtise. Ne vient-on pas, en plein 1994, de reconstituer le corps des tirailleurs sénégalais! C'est dans le *Journal officiel*...

Les crimes de guerre commis par la France, oubliés! Les génocides, les répressions sauvages et barbares en Algérie, en Indochine, à Madagascar, au Congo, plébiscités, aujourd'hui! L'horreur nazie où des millions de juifs, de communistes et d'humanistes chrétiens ont été guillotinés, crématoirisés, banalisée à force d'hypocrites repentirs, de génuflexions à la Hellzapoppin. Les règles de Vichy passées sous silence arrogant. La Résistance française devenue douteuse. Le courage et le martyre de Jean Moulin remis allégrement et cyniquement en cause. L'amitié de Mitterrand pour Bousquet criée – tardivement – sur tous les toits d'une façon provocatrice et infantile. J'appelle cela la saloperie française. La souillure!

Et pourtant cette France faillible et complice veut donner des leçons de démocratie à des peuples rongés par le tribalisme, la misère, l'inculture, l'analphabétisme civique, les longues nuits coloniales et le cannibalisme politique!

Toujours ces chefs d'État occidentaux qui se

réunissent à sept, à dix ou à seize, guindés, liftés, pommadés, la bouche en cul de poule à l'instar de tous ces rois, monarques, despotes, dictateurs qui font suer le bougnoule, le nègre, le jaune, le rouge, et que sais-je encore. Chefs de l'Occident ou du Tiers Monde, installés là, dans le pouvoir pour la vie (les monarques) ou presque (les chefs d'État cumulant deux, trois, voire quatre mandats), indégommables, faussement placides, comme momifiés et rigolant – certainement – en douce sur la sénilité d'autres chefs d'État parfois moins vieux qu'eux.

Croyant réellement que sans eux, non seulement l'humanité entière s'effondrerait mais la terre elle-même exploserait, subirait la grande et définitive déflagration, l'énorme chambardement cosmique tant et tant de fois signalé. Mis en exergue. Enflé au maximum par tous les livres révélés qui font que l'humanité s'entretue, se dépèce allégrement au nom d'un bon Dieu supposé unique ou d'une cause supposée juste!

Ce sont ces chefs d'État occidentaux qui dépècent les pays, rallument les guerres civiles partout, font régresser le monde comme jamais, consolident l'intégrisme. Tous les intégrismes. Car il n'y a pas que l'intégrisme musulman. Il

Lettres algériennes

y a le protestant, le catholique, le juif, le bouddhiste, l'hindouiste, etc. Ces chefs d'État qui donnent des leçons de morale, eux dont les mains ne sont pas très propres; qui font du chantage aux gros sous donnés d'une main et récupérés au centuple de l'autre.

L'un d'entre eux, François Mitterrand, ne répétait-il pas en 1955, au début de la guerre d'Algérie : « Il faudra une répression impitoyable, messieurs! La France des Flandres au Congo! » N'est-ce pas lui qui, en 1957, fit guillotiner Fernand Yveton, pied-noir et communiste de surcroît, mais absolument innocent, pour l'exemple, alors qu'il était garde des Sceaux et en charge des grâces? Alors qu'au sommet de la gloire il a eu ce culot à la fois débile, cynique et écœurant d'évoquer, de parler, d'insister, de n'avoir à la bouche que les droits de l'homme, les droits des minorités et autres balivernes auxquelles il n'a jamais cru de toute sa longue et satanée vie de politicard astucieux, ficelle, autoritaire.

Prêt à pactiser avec ce FIS bâtard dont les chefs ont été reçus plusieurs fois à l'ambassade de France en Algérie; et après le premier tour des élections législatives de décembre 1991, remercièrent le chef de l'État français

Lettres algériennes

de sa solidarité, eux qui avaient en poche, à ce moment-là, une liste de 14 862 personnes à égorger, dès la prise du pouvoir! Ce FIS dont l'idéologie étrangère aux traditions de l'islam algérien et xénophobe l'assimile point par point à n'importe quel mouvement fasciste européen.

Ce FIS qui a toujours dit que la démocratie, il la piétinerait! La Constitution, il la brûlerait sur la place publique avec les autres livres mécréants. Les femmes, il les parquerait dans des camps de concentration. Les Algériens, il leur mettrait tous un kamis, une barbe ou un couteau dans la gorge, en cas de refus. La langue française, il la bannirait à jamais! Les Algériens, il les dépècerait comme de vulgaires moutons égorgés. Les juifs et les chrétiens, il les brûlerait vifs!

Qui, depuis quatre ans, a largement tenu ses promesses! En violant les petites filles, en égorgeant les petits écoliers, en brûlant les écoles, en flinguant les artistes, les journalistes, les intellectuels et les femmes, en un mot, en terrorisant le peuple algérien.

Ce ministre de l'Intérieur et de la Justice au début de la guerre d'Algérie devenu président de la République, autrefois complice des camps d'internement, de la torture systématisée, des

Lettres algériennes

déportations de populations algériennes entières, de guillotinages par dizaines, bénéficie d'une immunité totale et à vie.

Pourquoi? Ministre de l'Intérieur. Ministre de la Justice. C'est-à-dire garde des Sceaux, avec ce qu'il y a de cachots et de cachottier dans l'expression elle-même, de petits secrets moisis, de petits complots étouffés dans les épaisseurs des moquettes et des portes capitonnées, de petites lâchetés ignobles, dont le secret essentiel, l'axe fondamental, l'origine profonde est cette maladie congénitale innée et chronique qu'on appelle communément la passion du pouvoir.

Lettre 23

Une *certaine* France déjà suffisante est devenue triomphaliste. Il y a de quoi! Des pans d'histoire et de peuples s'écroulent. Les guerres civiles et religieuses s'installent tranquillement en Europe même. Les États-Unis, aussi! sont très contents. Le nouvel ordre mondial est, paraît-il, *définitivement* en place. N'est-ce pas là l'essentiel? Alors oubliées les défaites coloniales et impériales? Oubliés les Aurès, Saigon, Phnom Penh, Madagascar, le Congo?

Maintenant les pays riches se vautrent carrément sur les ossements du monde. La suffisance et la myopie politique balaient d'un coup d'éventail les milliards d'hommes qui ont faim; qui sont dévorés par les maladies; qui sont engloutis dans l'analphabétisme, l'igno-

Lettres algériennes

rance, le fanatisme et la superstition. Et en plus cette France-là veut avoir bonne conscience.

Les enfants irakiens n'ont qu'à se débarrasser de leur dictateur pour avoir du lait en poudre et de l'aspirine. La guerre d'Algérie est à mettre aux oubliettes. Les Palestiniens? On les fait se pavaner de Madrid à Moscou afin qu'ils cessent de jeter leurs cailloux sur les passants. Les Rwandais? Des sauvages qu'il faut recoloniser. Les intégristes islamistes ne sont pas si mauvais bougres que ça.

Monnaie de vieilles guenons qui s'obstinent à ne se regarder que dans leur propre miroir, celui d'une démocratie qui revendique ses taux minoritaires et qui a des absences prolongées et durables, qu'on veut exporter dans des pays qui n'ont aucune culture politique, mais en revanche des centaines de tribus et des milliers de dialectes. Certains journaux français, qui font dans la fausse objectivité, perfide et perverse, qui ont su ériger une censure fine et sournoise et qui prétendent donner des leçons de bonne conduite à ces damnés de la terre que nous sommes, s'affolent, par exemple, de la tendance suicidaire du pouvoir politique algérien qui essaie d'être un bon élève du FMI, de la démocratie occidentale et de tout ce qu'on

Lettres algériennes

veut pour calmer les esprits de l'autre côté de la mer.

Ces journaux n'ont jamais rien dit sur le sort des dissidents algériens réprimés brutalement par le régime en place. Et ce silence complice a duré plus de vingt-cinq ans. Parce que ces journaux vendaient à l'époque jusqu'à 50 000 exemplaires chaque jour et pour chaque titre et que leurs correspondants étaient souvent des amis très proches des plus hauts dirigeants. L'Algérie était riche et il fallait profiter de cette manne...

En effet, le monde riche a tout empommadé, tout traficoté. Tout piétiné sous son orgueil, sa démence et sa démesure. Il fait les modes et les démode très vite. Il clame la mort des idéologies et régimente le monde. Une partie de ce monde-là est bouffie de graisse. Apoplectique. Apocalyptique...

Une *certaine* France imbue d'elle-même, de son gigantisme économique, ne veut pas savoir ce qu'est la honte. Bien qu'elle brûle les surplus alimentaires qui manquent à l'humanité affamée. Bien qu'elle vende des armes à des manchots qui ne savent même pas s'en servir. Bien qu'elle paie à coups de milliards sanguinolents les larbins de tous les pays pour imposer sa loi.

Lettres algériennes

Bien qu'elle sache parfaitement et avec habileté manipuler la désinformation à la manière d'un prestidigitateur talentueux. Bien qu'elle honore les Arabes de service, vérolés de prix littéraires et de légions d'honneur. Bien qu'elle ne tarisse pas d'éloges sur nos nègres déguisés en grooms chargés d'épousseter les dicos français.

La bonne conscience française se boursoufle d'orgueil. Elle récidive. Elle s'entête à ne pas comprendre qu'il y a un sens de l'histoire et que l'histoire a toujours un sens. De la guerre d'Algérie à la centaine de guerres qui ravagent le monde, aujourd'hui, les consciences n'ont pas évolué; bien au contraire, elles ont régressé et c'est à ce moment-là que la notion des droits de l'homme est déviée de son sens véritable. Qu'on se met à douter de toutes ces organisations humanitaires qui prolifèrent et dont les dirigeants finissent parfois espions, ministres ou... escrocs!

La guerre d'Algérie et la défaite coloniale qui en a été la conséquence ont enfanté le néo-colonialisme, d'autant plus que ce bon vieux complexe de colonisé illustré par Frantz Fanon, il y a déjà trente-cinq ans, a la peau dure. Bien avant lui au XIVe siècle, Ibn Khaldoun évoquait quant à lui la fascination du vaincu pour son vainqueur. En Algérie, il est resté quelque chose de cette fascination pour l'ancien colonisateur.

La manière dont une *certaine* France nous perçoit est entachée d'ambiguïté et ne peut échapper au soupçon colonial qui ne s'effacera pas avec le temps, tant la mémoire collective est rancunière, à moins que l'on ne reconnaisse que la domination coloniale a été un véritable désastre pour l'Algérie, tant sur le plan humain que culturel.

Si l'hégémonie néo-coloniale persiste aujourd'hui dans son autoritarisme, son triomphalisme et son cynisme, c'est parce qu'à l'origine il y a eu entre nous et cette France-là la barbarie coloniale. L'image des portes des medersas brûlées par la soldatesque française (pour se chauffer!) au début de la conquête n'est pas et ne doit pas être un stéréotype ; c'est plutôt un symbole chargé encore aujourd'hui de tant d'horreurs et de raccourcis fulgurants de ce qu'a été l'ethnocide subi par ce pays.

Il y a 8 mai 1945 et 8 mai 1945. En France, ce fut la liesse de la Libération. En Algérie, ce fut l'horreur de la répression. Entre 25 000 et 45 000 victimes en trois jours, dans trois petites villes de l'Est algérien. Aux noms charmants et exotiques de Sétif, Guelma, Kerrata. Juste un exemple! C'est ce jour-là qu'a commencé la guerre d'Algérie. Pas en 1954.

N'est-ce pas là un épouvantable crime contre l'humanité : n'est-il pas temps de le dire, l'affirmer et juger les coupables encore vivants. Ils ont même écrit leurs mémoires et reconnu avec fierté leurs crimes abominables. Leurs noms sont connus de tous. Ils s'appellent Massu, Bigeard, Lacoste et tant d'autres très nombreux.

Lettre 24

Les expressions « La Raison d'État » ou « Secret Défense » nécessitent à elles seules plusieurs majuscules. Ce sont des talismans qui ferment la porte à la gueule de tout intrus. Des paravents derrière lesquels se camoufle une sorte de dictature et d'intolérance qui ouvre la porte à tous les dépassements et à tous les excès. C'est enfin une astuce du pouvoir qui a toujours des démangeaisons autoritaires dans n'importe quelle démocratie. En France, La Raison d'État et le Secret Défense sont un système clos que l'on agite comme un épouvantail pour refouler agressivement toutes les ardeurs rebelles ou anticonformistes ou simplement velléitaires.

Une telle entrave à la démocratie développe

Lettres algériennes

le cynisme politique d'autant plus que la Constitution de 1958 donne de très grands pouvoirs au président de la République. Un homme élu certes par le suffrage universel mais qui n'en demeure pas moins un homme avec ses qualités et ses faiblesses, capable donc de faire dévier les bases fondamentales de la démocratie elle-même ou de l'ébranler tout au moins. Et donc de permettre, protéger et perpétuer toutes les bavures, toutes les violences et tous les coups d'État médiatiques ou autres.

Dans cette notion de Raison d'État, il y a un non-dit fabuleux fait de violence, de viols et de violations inépuisables. Qui se concentre, ce non-dit, dans d'autres sous-notions parapluies tels les intérêts supérieurs ou les intérêts stratégiques de la France. En fait, il s'agit surtout, d'abord sur le plan intérieur, d'organiser les abus de l'État et de les présenter comme inéluctables, nécessaires, voire vitaux; ensuite sur le plan extérieur de justifier tout ce qui est injustifiable, c'est-à-dire l'interventionnisme musclé, les chasses gardées dans certaines zones du monde sous influence ou pas, le devoir d'ingérence politique, économique, « humanitaire »! ou militaire.

Et dans ce cas, les exemples foisonnent.

Lettres algériennes

D'abord en ce qui concerne l'Algérie, il y a une attitude officielle d'ingérence politique. La France « sait » quel est l'intérêt de l'Algérie dans cette période cruciale et son analyse est sans appel, indiscutable par la force des choses, de l'arrogance et de l'esprit revanchard. Ensuite en ce qui concerne les réalités économiques de ce pays. Là, la France officielle ne « sait » pas. C'est-à-dire qu'elle fait semblant d'ignorer ou feint d'occulter des données élémentaires : l'effondrement du prix du pétrole, le poids du service de la dette qui dépasse depuis douze ans de trois fois la dette elle-même, et la valeur colossale des importations de l'Algérie qui rien que pour le blé achète 40 % des ventes mondiales. Entre-temps le prix des produits français agricoles et manufacturés a été multiplié par six.

Pour l'Afrique noire, c'est plus terrifiant car elle a été pillée, désossée, mutilée, génocidée, et bientôt rayée de la carte. La France étatique, là aussi, oublie ou occulte sciemment des données incontournables. Par exemple, l'effondrement des prix des matières premières que l'Afrique exporte traditionnellement et dont elle vit est une véritable catastrophe humaine dont la responsabilité incombe au cynisme politique et aux appétits tant économiques que militaires des pays riches.

Même la Côte-d'Ivoire, longtemps vitrine néo-coloniale de la France, n'a pas échappé au désastre généralisé et cela n'empêche pas le président de la République d'assister à l'inauguration de la grandiose cathédrale de Monsieur Houphouët-Boigny ou à ses funérailles grandioses dans un pays exsangue. Ce n'est qu'un exemple sur cent de tous les méfaits que la France a encouragés, voire parfois initiés.

Et le dernier exemple en date est celui du génocide perpétré au Rwanda avec ses cinq cent mille morts, ses millions de blessés et de réfugiés. A l'aune du cynisme cinq cent mille cadavres de Rwandais ne pèsent pas cinquante mille cadavres de Bosniaques. Pourquoi? Il semble qu'il n'y a pas de pétrole ni d'uranium au Rwanda, pays qui fait cependant partie de la nomenclature des pays amis de la France, francophone de surcroît, et sous influence française.

De la même façon, c'est toujours cette Raison d'État qui impose une vision du monde falsifiée et avariée sur la nécessité d'installer la démocratie en Afrique. Du Nord au Sud! Et selon les critères des pays occidentaux, riches en traditions politiques et développés sur le plan économique. La démocratie telle qu'elle est concoctée à Paris pour un continent où il y a encore 1 200 rois et 36 000 langues et dialectes !

La démocratie telle qu'elle est réchauffée dans les officines françaises, concernant le Maghreb où l'on est passé sans transition et d'une façon douloureuse à une sorte de démocratisme aveugle et de populisme de mauvais aloi quand on sait qu'il peut être tellement prédateur en vies humaines. Dans ce cas la « démocratie » devient une sorte d'intégrisme.

C'est aussi cette Raison-là qui fait qu'un certain aveuglement mâtiné de forfanterie impose un surarmement de la France qui vient de produire, en cette année 1994 et coup sur coup, un porte-avions nucléaire qui vaut 70 milliards de francs et un sous-marin qui en vaut 100 milliards. Que de logements, d'écoles, d'hôpitaux, de bibliothèques, de musées, de films, de livres, de pièces de théâtre... de bonheur humain avec de telles sommes faramineuses. Dommage, d'autant plus que la France est décidée, quasiment seule, à continuer de faire exploser des bombes nucléaires à... Mururoa !

Lettres algériennes

Cette notion forcenée et agressive est inscrite dans la Constitution française. Elle n'est qu'un passe-droit de l'État pour bouffer et dévorer sa propre philosophie et ses propres principes. Elle sécrète en soi le racisme et l'intolérance. La chasse aux immigrés ouverte depuis toujours, en fait, prend des allures de safaris grand format quand on voit ce qui se passe actuellement dans la France des Droits de l'Homme.

Les pauvres bougres sont à l'index et ce n'est pas la voix des honnêtes hommes et des honnêtes femmes qui pourra grand-chose. Mais leur combat sauve l'honneur de la France. La vraie. Celle que les immigrés aiment et qu'ils prennent souvent pour le paradis terrestre et l'Eldorado du monde.

Ainsi cette notion détestable de Raison d'État devrait être bannie. C'est elle qui a permis l'intervention de l'armée française avec ses chars AMX, pour arrêter la grève des camionneurs en 1992. Elle a fait tant de mal à la France des grandes valeurs par le passé et elle fera encore beaucoup de mal à l'honneur de la conscience solidaire et humanitaire. Quand on est dépositaire de la Déclaration des droits de l'homme, on est tenu à la Générosité... d'État!

Il est fascinant de voir quand même s'organiser autour de la Raison d'État un consensus mou que les médias eux-mêmes attisent et concoctent parfois!

Mais ça, ce n'est pas la vraie France. C'est juste un cauchemar français.

Lettre 25

Dire que la cuisine française est un suprême raffinement culinaire est un pléonasme mais c'est vrai que les Français, à l'instar des autres peuples, aiment manger. Enfin pas tous. Parce que la finesse a besoin de beaucoup d'argent pour s'imposer, s'installer et maîtriser l'aire sociale où elle doit se répandre. Même si cet art de la cuisine n'appartient qu'à une infime minorité, il est représentatif d'une certaine France du goût qui se fait ou devient rare. Le revers de la médaille c'est le Français moyen avec son béret, sa baguette de pain à la main, son journal sous le bras et sa cigarette humide qui pendouille à la bouche. Celui-là ne connaît sans doute pas la grande cuisine française qui relègue le fast-food américain à sa propre misère et à sa propre indigence non comestible.

Mais les classes démunies savent prendre leur revanche et il y a une certaine cuisine d'origine paysanne qui a sa propre noblesse et sa propre saveur venue du terroir. C'est peut-être cette cuisine-là qui identifie le mieux les Français. Le pot-au-feu, la soupe à l'oignon, les divers ragoûts et les multiples tripailles se mitonnent et ne coûtent pas cher. Rabelais est passé par là. Gargantua a fait le reste, lui qui mangeait et appréciait déjà le couscous (couscouton dans le texte rabelaisien). Et cela crée une identité. Entre autres. La collusion entre la littérature de qualité et la cuisine de tempérament, cela donne un pays, une nation, une vision du monde que les vins français ne peuvent que rendre sympathique, hospitalière, généreuse et conviviale.

Mais il n'y a pas que la cuisine qui fait l'identité française, il y a aussi d'autres arts qui restent extrêmement français. C'est le cas en particulier de la caricature, qui véhicule le sens de l'ironie du Français, à son encontre, dans un premier temps, et envers le monde, dans un second. Et c'est peut-être dans la caricature politique que les artistes de ce pays excellent. Les dessins de Plantu, de Chenez, de Pessim, de Pancho, de Wolinski et tant d'autres m'ont toujours fasciné. Par leur qualité graphique d'abord, par leur insolence, ensuite.

Dans *Le Monde*, journal quelque peu austère voire sévère et parfois cassant comme une institution qui croit détenir la vérité totale et absolue, les dessins atténuent les titres parfois ronflants et mettent en pièces les éditoriaux parfois très arrogants, trop impitoyables. Ils donnent une dimension humaine à l'analyse politique et la bousculent, puisque leur but essentiel est de déranger. La caricature donne du relief à l'identité française, comme la cuisine lui donne le côté velouté, mijoté et sensuel.

Les autres arts sont produits d'une façon typiquement française. Il y a une façon française unique de faire de la littérature. De faire du cinéma par exemple. Qu'il soit de grande qualité ou de mauvaise qualité, il porte en lui-même sa spécificité. Inutile de revenir sur le nouveau roman et sur le rôle qu'il a joué depuis Flaubert, dans la modernisation et le développement du roman dans le monde entier. De même le roman rose ou bleu ou pervenche a des qualités particulières et s'enracine profondément dans la réalité française avec ce qu'elle peut avoir de frivole, de coquin, d'anarchique ou de vulgaire.

Si on mange peu dans les romans français, par contre on bâfre et on s'imbibe sérieusement dans les films produits et réalisés en France. J'ai parfois l'impression que cela sert aux réalisateurs pour gagner du temps parce qu'un repas français peut durer des heures et des heures. Cette référence continuelle à la cuisine et à la bouffe donne au cinéma français ses racines et le relie par un cordon ombilical culinaire à l'identité française dans ce qu'elle a de plus somptueux et de plus dangereux à la fois, parce qu'elle peut déboucher sur une sorte de culture de la boustifaille innommable et malsaine.

Mais ce n'est pas ça qui fait la vraie qualité du cinéma français. Car la France a donné Godard, Rivette, Malle, Resnais, Duras, Truffaut et la nouvelle vague qui ne cesse de se renouveler et de façonner le cinéma mondial.

Dans la peinture moderne et contemporaine, on mange peu. Contrairement à la peinture française du XVIIe, du XVIIIe et du début du XIXe où la scénographie culinaire était centrale. Plus près de nous Matisse, Bonnard et Toulouse-Lautrec ont donné à voir autre chose du charnel : le corps. Avec sa volupté chez les uns et ses dégoûts pour les autres. Mais le corps quand même !

Pourtant Cézanne, le maître de tous les contemporains, celui qui a provoqué la grande rupture avec le XVIIe et le XVIIIe siècle, a souvent axé sa quête de la lumière et du découpage pictural grâce à la cuisine chatoyante qui accroche la lumière. En ce sens il était bien français et il a donné au monde une nouvelle façon de se voir, de se produire sur la toile et de se restituer à travers les couleurs.

Ainsi on retrouve toujours un lien gordien entre les diverses formes d'identité française et la cuisine et, en ce sens, le métissage ethnique que connaît actuellement la France se retrouve dans sa gastronomie. L'apport de la cuisine arabe, chinoise, italienne et tant d'autres encore n'est pas négligeable et c'est peut-être la seule réussite que je vois dans les effets et les retombées de la France coloniale.

A cause de ce passé peu glorieux qu'on essaye de déculpabiliser totalement et péniblement, les Français se sentent mélangés aux autres races et sont en train d'accoucher d'une nouvelle, souvent très belle, faite de mélanges, de grabuges et de cultures. Ce métissage entre

Lettres algériennes

Blancs, Noirs et Jaunes rend la France très sympathique et permet à son discours souvent théorique sur l'égalité, la tolérance et la fraternité, de prendre forme et de se concrétiser sans esbroufe et sans trompette.

Tous ces chrétiens, ces juifs, ces musulmans, ces bouddhistes; tous ces Blacks, ces Beurs et ces Eurasiens; tous ces autochtones, ces pieds-noirs et ces immigrés qui s'intègrent peu à peu et douloureusement dans le tissu global de la France sont, peut-être, la seule cause qui peut la rendre vraiment universelle. En payant le prix. Sans poudre dans les yeux.

Lettre 26

A force de voir le gros rire envahir la planète France, j'ai l'impression que l'on a perverti jusqu'au rire dont Bergson disait qu'il était une mécanique plaquée sur de l'humain. En fait le rire devenu une pénitence médiatique incontournable n'est plus qu'une mécanique lamentable et grimaçante plaquée sur du vide, vidée de son essence métaphysique. Il est devenu ainsi une perversion sociale qui occupe et préoccupe, qui déconcentre et déconcerte le citoyen cloué sur place, hébété par ce déferlement de cascades surfaites et artificielles, enterré sous dix mille couches de vulgarité et de grossièreté, comme si le Français était si triste et si désespéré qu'il faille le sauver par ce rire institutionnalisé, médiatisé, préfabriqué, ingurgité de force.

Lettres algériennes

C'est par le rire et autres gaudrioles qu'on essaye de dissiper le malaise social, banaliser le chômage, aseptiser la mendicité, légaliser la pauvreté et implanter dans l'esprit des gens que tout cela est dû à la crise économique généralisée et que les riches sont aussi touchés par la récession que les plus démunis. Le plus étonnant, c'est que cela marche. On a fini par faire croire aux gens qu'ils sont coupables d'un tel état des choses économiques. La crédulité et la mauvaise conscience aidant, les plus atteints sont devenus les plus honteux et les plus culpabilisés. Ils se sentent viciés par l'effroi, happés par le vide, écrasés par cette responsabilité qu'on leur a inculquée d'assumer le désastre encore mieux et plus vaillamment que les nantis.

Ballotté entre la publicité qui fait de l'hyperconsommation la bible de l'homme moderne, astucieux et plein de malice, de surcroît, et entre le surendettement qui fait de lui une proie facile pour les bonimenteurs et les bateleurs de bazars où tout est beau, tout est facile et tout est gratuit, le consommateur français moyen me fait penser à ces pays du Tiers Monde qui se débattent dans les affres de l'endettement. Plus ils payent et plus ils sont endettés, pour

Lettres algériennes

finir par rendre gorge, abandonner les quelques pauvres richesses qui leur restent, happés par les huissiers du FMI ou, dans notre cas, par les huissiers de l'électroménager, de l'automobile et de l'immobilier.

Tout le monde finit par y laisser l'essentiel : sa peau et son âme et tout cela dégénère dans la marginalisation et l'exclusion considérées comme une fatalité obligée, transitoire mais nécessaire pour élaborer les lendemains qui chantent. J'ai bien connu la France des années 70 et j'avais l'impression qu'il y avait de la dignité dans les rues de Paris.

Aujourd'hui c'est la honte qui s'y est installée. Honte que l'on donne et que l'on reçoit, aux franges du pathétique et aux abords de la pitié. La mendicité est devenue une institution légale mais peu lucrative, apparemment. Et le pire c'est que personne ne se lamente parce qu'un esprit de bravade et de fanfaronnade s'est créé autour de cette liquidation sociale, de cette noyade sociologique.

La rue française est propice à cela. A travers la publicité d'abord. Très souvent mensongère. Clinquante. Sur papier glacé. Ripolinée. Pornographique. Lubrique. Où les femmes sont toutes belles, toutes en chaleur, cuisses ouvertes pour absorber tous les minitels roses, les Ulla 36-15, les détresses mâles et les fantasmagories machos mais esseulées. Parce que l'argent est roi et que tout se paye et que tout s'achète, les femmes françaises ont été déshabillées, violées, lapidées à tel point que tout féminisme est devenu hilarant, poilant diraient les hommes de plus en plus imbus de leur sexe. Pas une voix ne se lève pour dénoncer cet avilissement de la femme, cette souillure de la féminité française.

La fuite en avant devant de telles agressions se fait d'une façon encadrée et autoritaire. La prolifération des croyances, des superstitions et des sorcelleries diverses est organisée et téléguidée par des appétits financiers monstrueux (par exemple le système du viager, qui est une grosse escroquerie aux dépens des personnes âgées, est tellement choquant!) qui profitent de la détresse des gens pourchassés partout par les marchands d'avenir programmé sur minitel ou sur ordinateur.

On a alors l'impression que les Français ont perdu leur raison pure et leur raison pratique. Qu'ils ne savent plus comment faire pour s'aimer, pour se marier, pour se divertir, pour assumer leur destin. Les charlatans se pressent au portail de la solitude et du désespoir humains dans un climat calfeutré et climatisé où seul le profit a du sens et où ceux qui n'acceptent pas une telle situation sont considérés comme des doux dingues ou des gentils ringards.

Et cela débouche sur une sorte de névrose collective où la passion des animaux pourrait être une forme de suicide affectif, de rejet de l'humain et de haine de la passion amoureuse. Il y a là, dans cette façon d'aduler les chiens par exemple, l'installation d'une scatologie sociale admise, arrogante et inhumaine. Les trottoirs de Paris, cette ville sidérante dont la beauté dépasse de loin son propre mythe, sont couverts d'excréments canins qui découragent toute approche esthétique.

Sans parler de l'éthique qui devrait se demander combien coûte l'élevage d'un dobermann et combien de calories consomme un enfant africain en général. A voir tous ces chiens constipés faire leurs besoins sur les trottoirs de Paris, on est pris d'un vertige qui renvoie à la pathologie humaine.

Les jeux et l'arnaque parachèvent ce tableau de la France détestable qui déleste les plus démunis, les plus crédules et donc les plus sympathiques et les plus touchants des Français.

Lettres algériennes

Ah! ces têtes de Français moyens dans les émissions des jeux de télé! Quelle misère! Quelle compassion! Cela fait mal et ça m'est intolérable. Les téléthons qui fonctionnent sur les peurs ataviques sont un chantage incroyable dans un pays où les droits de l'homme tournent à l'obsession féconde et généreuse.

Et quand les gentils Français rechignent parfois à se laisser plumer, les stars des médias, qui gagnent trop de fric, leur font la morale, les engueulent et leur font la tête. Cela donne le tournis de voir cette fragilité nationale mais qui n'est pas typiquement française, loin s'en faut, tourner au braquage éhonté mais cruel, sauvage et sadique, de la conscience populaire.

La météorologie, elle aussi, est devenue peu à peu un moyen de chantage, une façon de capter l'innocence des gens dans les filets de l'angoisse et une manière perverse d'endiguer les maux sociaux et psychiques d'une population qui assiste plusieurs fois par jour et en masse au désastre du temps et aux simagrées de la climatologie. Comme s'il n'y avait pas de temps intérieur pour colmater les brèches de l'angoisse et de la peur, somme toute très humaines.

C'est ainsi que les présentateurs des bulletins

Lettres algériennes

météorologiques sont devenus des amuseurs chargés de canaliser, d'endiguer et d'éradiquer le spleen français entre deux plages de publicité. Plus de trente millions de personnes s'angoissent chaque soir pour savoir quel temps il fera demain. Et cela se passe devant l'écran de télévision.

En toute impunité !

Lettre 27

Enfant j'avais mes idoles. Toutes sportives. Je jouais avec mes petits copains à faire courir de petits bateaux en zinc confectionnés avec nos propres mains, dans les caniveaux en pente de Constantine. Nous leur faisions faire la course à ces bateaux et leur donnions des noms étincelants. Ceux des gloires sportives d'antan.

Nos gloires à nous mais devenues glorieuses outre-mer. C'était les Zaaf, les Kebaïli, les Bartali, les Coppi en cyclisme, les Cerdan, les Sicki, les Halimi, les Hamia, les Ventura, en boxe, les Ben Barek, les Ben Tifour, les Mekhloufi, les Di Stefano, les Borelli en football, etc. Nous nous les étions accaparés sans vergogne, juifs, arabes ou nègres, ils nous appartenaient, faisaient notre fierté de jeunes nationalistes en herbe et de petits prétentieux prêts à en découdre avec les exploits sportifs que nous rêvions d'accomplir une fois grands.

Mais le plus prestigieux à nos yeux, c'était bel et bien Alain Mimoun. On savait qu'il était algérien mais on ne comprenait pas ce prénom un peu bizarre pas du tout de chez nous. En fait il s'appelait Mohamed Okacha. C'est mon grand frère qui me le chuchota un jour de grosse canicule, sur la terrasse de la maison maternelle où l'on s'ennuyait en attendant que les grands finissent de faire leur sacrée sieste.

Je ne comprenais pas pourquoi il avait troqué son prénom de Mohamed, contre celui d'Alain. Je me suis mis à regarder pendant des journées entières ses photos dont je détenais un stock inépuisable. Je trouvais que ça ne lui allait pas du tout. Avec sa gueule de bicot, ses moustaches qu'on aurait dites copiées sur celles de mon père et ses façons de gagner le marathon de Melbourne, pieds nus, je trouvais ce renversement d'identité très louche.

Mais! Mais il était Alain Mimoun, mon idole sportive préférée. Celle à laquelle je m'identifiais le plus au grand dam de mon père qui voulait faire de moi un grand théologien. Je pardonnai donc à Alain Mimoun cette falsi-

Lettres algériennes

fication de sa carte d'identité et continuai à faire courir dans les caniveaux de la vieille ville de Constantine mon bateau en zinc sur lequel j'avais écrit en arabe son nom algérien et en français son nom français. En arabe : Mohamed Okacha. En français : Alain Mimoun. Mon grand frère rit beaucoup de mon astuce. Ma mère dit, perplexe, mais où a-t-il été chercher un tel nom mécréant, à coucher dehors? Mécréant? J'en fus à la fois outré et secoué. Mais Alain Mimoun quand même!

J'avais donc vécu dans cette légende des sportifs d'Afrique du Nord et d'Afrique noire qui faisaient voltiger les records mondiaux, escaladaient le Mont-Cenis en racontant des blagues, marquaient des buts à l'envers et de travers, couraient déchaussés, cognaient l'Amérique en pleine gueule et jouaient même au tennis avec beaucoup de talent, tel ce Abdeslam que nous trouvions quelque peu efféminé parce que, à nos yeux de petits Algériens, le tennis était un sport pour jeunes filles coloniales, frêles et portant jupette immaculée.

La ferveur n'avait pas de bornes et les frontières du racisme étaient abolies, à tel point que les pieds-noirs les plus acariâtres, les plus colonialistes et les plus racistes nous concédaient cela avec beaucoup d'humilité et de sincérité : Alain Mimoun, c'est pas un mollasson qu'ils disaient...

Et aujourd'hui encore, un demi-siècle plus tard et après un tiers de siècle de décolonisation, ce même sentiment enfantin m'étreint et une sensation d'orgueil m'envahit quand je vois tous ces Nord-Africains et tous ces Africains, tous ces Antillais et tous ces Blacks américains, faire des prouesses sur les stades du monde entier. L'atavisme a la vie dure. Et de voir un Arabe ou un Africain faire des miracles sur les stades et sur n'importe quel terrain de sport, me galvanise.

C'est peut-être mon complexe de colonisé qui trouve un défouloir, somme toute pacifique et peu dérangeant pour les autres. Il y a là quelque chose de chauvin mais pas seulement! Il y a surtout le bonheur d'avoir la ferme conviction que ces gens issus du Tiers Monde peuvent valoir beaucoup et concurrencer sérieusement n'importe quel Blanc lorsqu'on leur en donne les moyens.

Je n'ai pas oublié qu'en pleine guerre d'Algérie, l'équipe de France de football comptait en 1958 50 % d'Algériens. Il y avait les Mekhloufi, les Benttifour, les Brahimi, les

Lettres algériennes

Djebaïli (qui lui vient d'être sauvagement assassiné par le FIS parce qu'il avait eu le talent d'être le meilleur arrière central de France dans les années 60, et le talent d'avoir été le recteur de la plus grande université des sciences et des technologies d'Alger de 1985 jusqu'en mai 1994, le jour où on assassina ce docteur en géologie), les Dalheb et les Madjer, etc.

Et le jour où ces joueurs talentueux rallièrent le FLN en 1958, ce fut le délire dans l'internat où je vivais à l'époque du lycée. Je fus ému et très touché lorsque Mekhloufi, après l'indépendance, put revenir jouer dans son équipe de l'époque et de ses débuts : Saint-Étienne entraîné par Jean Snella dont Mekhloufi disait qu'il était un grand entraîneur, un grand humaniste et un anticolonialiste notoire.

Aujourd'hui, voir les Oueah, les Tigana, les Zidane, les Saïb, les Meddane et d'autres encore dont les noms restent accrochés à la mémoire populaire me fascine. Cela pour le football.

Pour les autres sports, il y a, en athlétisme, les Perec, les Sangouma, les Tafer, les Fates et tant d'autres Blacks et Beurs qui font la fierté de la France et du monde : Antillais, Maghrébins et... même Guyanais ou Comoriens

Lettres algériennes

puisque la gigantesque patineuse Surya Bonaly pourrait être d'origine algérienne et aurait pu naître à Cayenne dont le bagne à la fois terrible et célèbre a vu des milliers de nationalistes algériens y être enfermés depuis le début de la colonisation française en 1830. Et c'est ainsi qu'en 1872, Boumezreg, le chef d'une insurrection, fut enfermé dans ce bagne sinistre, à la même époque que Louise Michel qui y arriva 1878. Les deux révolutionnaires échangèrent durant leur incarcération une abondante correspondance d'une façon clandestine, bien évidemment, et dont on trouve les traces dans les œuvres de Louise Michel!

Tout ce métissage par le sport me rassure sur le bon sens de l'humanité. Car c'est là dans le sport que les barrières raciales ou religieuses peuvent le plus facilement sauter. Un terrain de foot peut donc être le lieu d'une interaction raciale prodigieuse, avec tout ce bariolage de noms si différents qu'ils font exotiques comme les noms d'oiseaux tropicaux.

Mélanges de races, de muscles, de couleurs, de maillots, de peaux, de sueurs et de sangs qui fondent des amitiés viscérales où le racisme est non pas banni, mais mieux, ridiculisé à la fois et mis hors jeu! C'est là que commence le

Lettres algériennes

métissage. Et comme le sport et le jazz avaient fait tomber beaucoup de barrières ségrégationnistes et beaucoup de murs de la haine, aux États-Unis, l'interpénétration des races et leur imbrication dans le creuset du sport français ont fait casser, et vont le faire encore plus, tellement de préjugés coloniaux, racistes et xénophobes.

Il va falloir, maintenant, rajouter à la crête du coq gaulois un peu trop arrogant, un peu trop chauvin, un bariolage de plus : le marron, entre noir et jaune...

Lettre 28

Aujourd'hui 29 avril 1994. Réveil maussade. Temps frais dehors. Les persiennes mal ajustées de cet appartement parisien qu'on me prête quand je séjourne à Paris laissent filtrer une lumière chiche. Je dois me lever pour aller à un rendez-vous au *Nouvel Observateur*. J'avais oublié la coïncidence. C'est cette journée que raconteront 240 écrivains du monde entier dans le numéro spécial qui fêtera le trentième anniversaire de l'hebdomadaire. C'était vraiment fortuit.

Petites choses matinales de la vie quotidienne et ordinaire. Premières sonneries du téléphone. Voix enrouées de mes interlocuteurs. Grabuge de la chasse d'eau. Rasage rapide avec toujours cette impression en me regardant dans la glace de tomber sur un inconnu. Qui est-ce? Moi? Peut-être. Douche tonitruante pendant que la cafetière fait un sifflement d'enfer.

Vite s'habiller. Boire une tasse de café debout. Ascenseur. Sortie de l'immeuble. Aux aguets. Sur mes gardes. Trop bête de se faire assassiner à Paris quand on arrive à échapper aux attentats d'Alger. Changer d'aspect. Ne serait-ce qu'un détail. On ne sait jamais. Dans leurs lettres de menaces, ils répètent toujours la même chose. « Où que tu sois, on te descendra, on aura ta peau, même si tu te caches sous les voiles qui recouvrent les murs de la Kaaba. »

Métro. Foule hagarde. Mal réveillée. Revêche. Bousculade. Toutes ces haleines. Ces after-shaves... Ces parfums à bon marché ou à prix élevés. Cela fait des relents écœurants de bon matin. Je me dis : un peuple au travail. Pressé. Triste. Docile. Passif. Les affiches disent tout à fait le contraire. La vie est belle. Les voitures offertes gratis. Les femmes n'attendent qu'une chose : qu'on les appelle. Les yaourts, alors, n'en parlons pas!

Quelques stations. Puis l'éjection violente. Un quai. Des escaliers. Enfin la place du Châtelet. Temps gris. Frais. Une trombe d'eau. Rue Saint-Denis. Les putes sont déjà au travail.

Lettres algériennes

Les sex-shops ont déjà leurs premiers clients honteux et précautionneux. Comme s'ils marchaient sur les braises de leur désir. Cafés plutôt rares. Zinc. Mais sans la sciure comme exotique qui recouvre le sol des cafés algériens.

Carrefour Étienne-Marcel. Rue Saint-Denis. Rue Tiquetonne et, au bout, rue Dussoubs. Avec, face au 14, ce mur peint en vert pistache et en glace fraise, un peu kitsch, un peu en trompe l'œil. Un excellent repère pour les gens dans mon genre qui n'ont aucun sens de l'orientation, aussi. Puis les fourches caudines de la réceptionniste, jamais la même mais toujours très jolie.

Ne pas oublier du Nescafé et deux ou trois bouquins. La valise a été faite la veille. Ne pas oublier le passeport et le billet d'avion. Cela m'est déjà arrivé. Max Armanet arrive en trombe. Couloir à traverser. Une petite pièce agréable. Petit déjeuner déjà servi. Sami Naïr, politologue talentueux et généreux, est déjà là. Je ne suis pas en retard? Non, pas du tout. A l'heure pile. Il y a aussi Farid Aïchoune, que je ne connaissais pas mais dont j'apprécie les articles qu'il publie au *Nouvel Obs*. Accent du terroir. Algérois type métissé de Kabyle.

La discussion commence. Faut-il ou pas

négocier avec les intégristes? Non. Oui. Oui et non. Non et oui. En fait, nous sommes d'accord. Et la barbarie? Et les tueurs? Les égorgeurs? On a bien négocié avec les nazis en 1940 en France. Mais en 1945? Environ dix mille collabos exécutés. Alors, et nous dans tout ça! Cela se passe bien (la discussion). Sami Naïr efficace. Exquis. Rigoureux. Honnête. Ça ne court pas les rues. Aïchoune et Armanet en embuscade pour relancer le débat. Il se termine à midi. On vient nous demander de rejoindre le bureau de Jean Daniel pour assister à la réunion hebdomadaire de la rédaction du *Nouvel Obs*.

Jean Daniel assis tel un patriarche derrière une table en verre presque ovale. Aucun désordre. Clean. Les journalistes, là, pêle-mêle. Assis par terre, ou sur des chaises, ou debout. La conversation est badine et tranquille. Sujets à l'ordre du jour. Sujets du fond du monde. Bosnie, Rwanda. Et... Algérie! Nous y sommes. Quoi dire? Rien à dire. Ne pas oublier le Nescafé. Au fait, à quelle heure décolle l'avion pour Alger? 15 h 30.

Il est 13 h 30 maintenant. Repasser dans l'appartement prêté par des Français généreux et solidaires... Le Nes et les bouquins à Orly.

Lettres algériennes

Départ en trombe. Taxi. L'aéroport d'Orly. Personne n'a évoqué le trentième anniversaire du *Nouvel Obs*. Par pudeur coquetterie? Enregistrement rapide. Peu de passagers. Je suis déjà frileux. Fiévreux. Contrôle de police. Salle d'attente. Voix sucrées des hôtesses d'accueil. Je suis maintenant dans l'avion avec un journal algérien dans les mains. Je cherche la rubrique « ordre public et sécurité ». Plusieurs terroristes abattus ou arrêtés. Deux ou trois attentats. Banal. Banalisé!

Décollage. Le temps d'un whisky. Atterrissage. Il est 16 h 30 heure locale, selon l'hôtesse. Avec le décalage horaire, j'ai gagné une heure dans ma vie. Pour quoi faire? Je hume l'air. Jubilation. Le bonheur est une étape simple. Formalités rapides. Et dès que je franchis le guichet de la police, je pose une casquette sur mon crâne et une paire de lunettes genre mafioso sur mon nez.

Personne ne m'attend. C'est mieux. J'ai horreur qu'on m'attende dans les gares ou dans les aérogares. Avec le terrorisme, c'est devenu une ruse pour brouiller les pistes aux assassins. Ne pas leur faciliter la tâche. Les embrouiller! Réaction de survie.

Je me rue sur un taxi. M'y installe. Donne

Lettres algériennes

une fausse adresse... Le taxi est jaune. Le chauffeur, bavard. J'écoute. Réponds laconiquement. Par bribes. Musique raï. Accent de Sétif. Les conducteurs de cette région sont réputés pour le nombre d'accidents qu'ils provoquent. Mais c'est la vie, et puis il conduit très bien, celui-là. Arrivée à la fausse adresse. Je paie et descends. J'attends quelques minutes. Rien à l'horizon. Je laisse passer un taxi vide. Puis un autre. Je hèle le troisième.

Arrivé chez moi. En fait, un appartement prêté sous un faux nom. A partir de maintenant, je vais vivre déguisé. Semi-clandestinement. Quelques amis viennent me rendre visite. Mots de passe. Code. Gardes du corps. Je vérifie que mon arme est toujours là. Je la dissimule dans un faux livre en vélin. On débouche une bouteille de mascara. Demain nous partirons pour Bône fêter le 1er Mai. J'ai peur mais pas trop.

Parfois c'est même excitant cette peur, ce jeu, cette vie comme ça. Ce désordre. Ce dérèglement qui malmène la routine et la banalité du quotidien mou, spongieux.

Lettre 29

Ainsi donc le cancer du terrorisme intégriste a atteint la France. Je savais qu'il en serait ainsi mais je ne voulais pas trop y croire. Parfois, je me confiais à mes amis français pour les mettre en garde, leur dire mes craintes et mes appréhensions d'éventuels attentats islamistes en France et en Europe, mais aucun d'eux ne me prenait au sérieux. Les intégristes n'ont pas intérêt à agir de la sorte, parce qu'ils doivent sauvegarder des bases arrière en dehors de l'Algérie, me disait-on. L'argument est aujourd'hui dépassé par la réalité des choses.

La première impression que j'éprouve face à l'horreur des attentats commis à Paris en juillet et août 1995, c'est la honte. Ensuite l'horreur. Mais la honte d'abord parce que je me sens quelque part responsable de tous ces morts et de toutes ces blessures subies par des Français et des Européens innocents.

Après les attentats de Saint-Michel et de la place de l'Etoile, le sentiment de culpabilité s'installe en moi profondément, qu'aucun argument ne peut atténuer.

A cela s'ajoute l'irritation de voir les médias faire des chichis, supputer, avancer des hypothèses rocambolesques qui ressemblent parfois à de la mauvaise foi, voire à de la coquetterie.

Malgré les revendications multiples du GIA, malgré ces exaltations triomphalistes imprimées noir sur blanc dans des feuilles de chou qui fleurissent « clandestinement » dans toute l'Europe, les décideurs occidentaux font la moue, prennent des précautions dangereuses et inquiétantes et développent, à l'arrivée, des thèses sorties tout droit de la propagande nauséabonde des intégristes algériens.

Pourquoi? Manœuvres futiles? Peur d'affronter la réalité de l'horreur et de la barbarie? Je ne sais.

Pourtant les Européens ont payé un lourd tribut à la hargne et à la haine des islamistes. Une centaine d'entre eux ont été assassinés en Algérie, souvent dans des conditions épouvantables.

Lettres algériennes

Le GIA, qui n'est que la branche armée du FIS, n'a pourtant jamais caché sa volonté de détruire, nettoyer et islamiser l'Occident impie qui se « vautre dans un matérialisme consommateur et pornographique ».

Le GIA, qui obéit au doigt et à l'œil, et exécute les ordres du FIS, est un rassemblement de tueurs dont les actions sont organisées, coordonnées, dirigées et bénies par le FIS.

La preuve, c'est que le GIA cesse ses activités terroristes dès que le FIS négocie avec le pouvoir algérien et qu'il reprend ses actes barbares dès que ses commanditaires du FIS interrompent les négociations.

Le FIS a revendiqué, par la voix d'Anouar Haddam, un représentant aux USA, l'horrible carnage commis fin 1994 dans le centre d'Alger et qui a fait des centaines de victimes. Cet Anouar Haddam, physicien nucléaire issu de la bourgeoisie tlemcenienne, la plus riche, la plus réactionnaire et la plus féodale de l'Algérie contemporaine, est un ancien recruteur de jeunes Algériens pour l'Afghanistan sur ordre de la CIA. En toute impunité.

Abdelkrim Deneche fait l'apologie du GIA et du meurtre, houspille vulgairement la France à la télévision suédoise, juste après le détournement de l'Airbus d'Air France. En toute impunité.

Bien sûr, il a fait l'éloge du GIA, mais affirme qu'il n'en fait pas partie. Le voilà maintenant suspect n° 1 des trois attentats qui ont endeuillé Paris ce bel été 1995.

GIA et AIS, branches armées du FIS, font dans le double langage à la fois puéril et pervers, devenu l'apanage des commanditaires qui ont pignon sur rue à Paris, Londres, Francfort et Washington. En toute impunité.

Aujourd'hui, alors que la terreur fanatique submerge le monde d'Alger à Tokyo et de New York à Paris, je voudrais dire à mes amis occidentaux que nous sommes tous embarqués dans la même galère et qu'il est temps pour nous d'arrêter cette régression du monde, et son désastre.

www.ingramcontent.com/pod-product-compliance
Lightning Source LLC
Chambersburg PA
CBHW060340170426
43202CB00014B/2835